BRAIN

HORSES

Word Search Puzzles

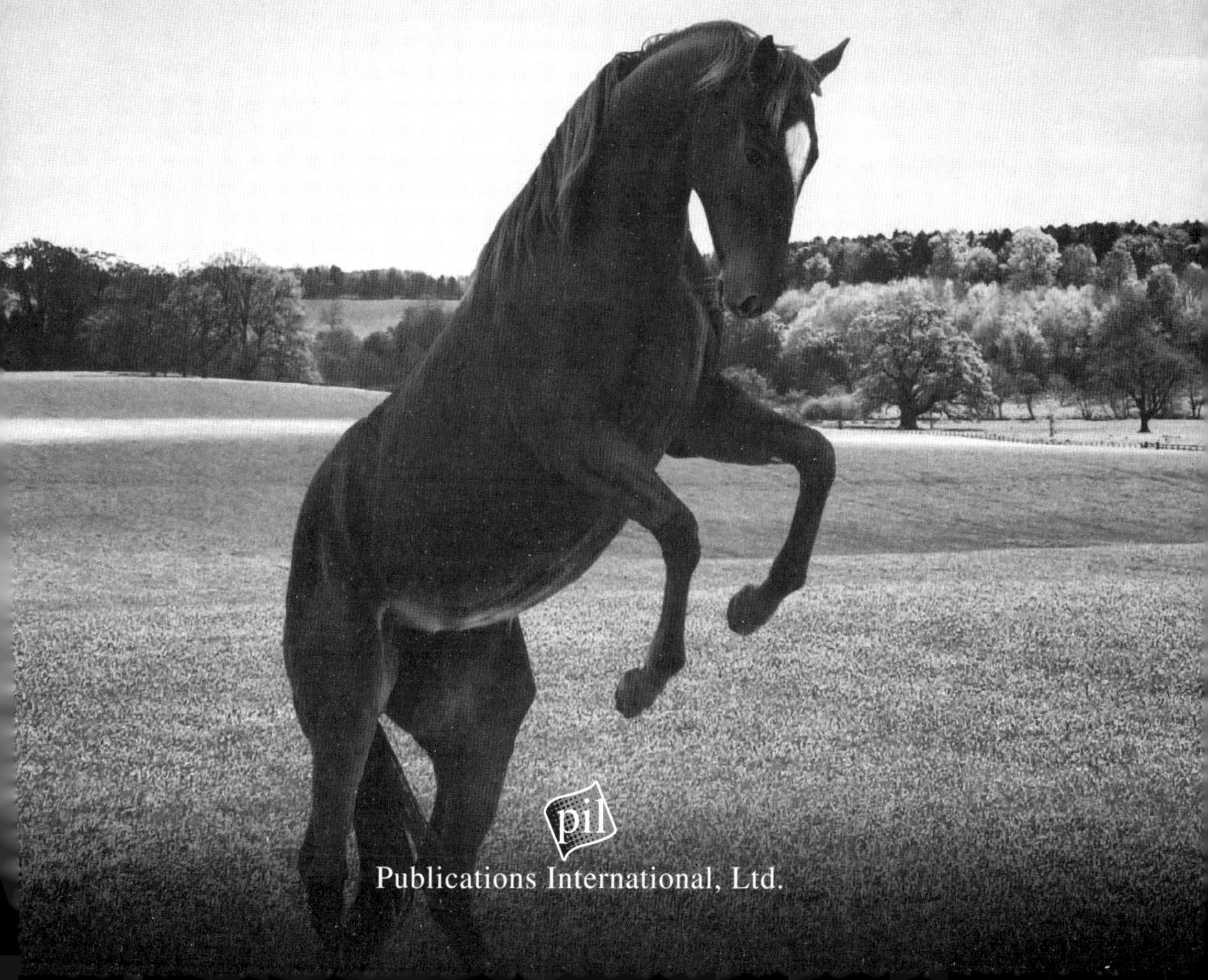

Publications International, Ltd.

TAKE UP THE REINS

Brain Games® Horses Word Search Puzzles contains 70 puzzles that celebrate the majestic beauty of horses. This book offers a relaxing opportunity to strengthen your knowledge of over 50 different horse breeds. Each puzzle is accompanied by a small piece of text that teaches you about each breed's origins, characteristics, and uses while finding the words within the letter grids.

The puzzles follow the familiar format: each word listed is contained within the letter grid. Words in the list can be found in a straight line horizontally, vertically, or diagonally. Words may read either forward or backward.

HUMANS AND HORSES

Humans have a special relationship with horses that dates back millennia. Since they were first domesticated about 6,000 years ago, horses have plowed fields and brought in the harvest, hauled goods and transported passengers, followed game and tracked cattle, and carried combatants into war and explorers into unknown lands.

DOMESTICATED

EXPLORERS

FOLLOW GAME

FRIENDSHIP

HARVEST

HAUL GOODS

HISTORY

HORSES

HUMANS

MILLENNIA

PLOW FIELDS

PULL CARTS

RELATIONSHIP

RIDING

TRACK CATTLE

TRANSPORTATION

WAGONS

WAR HORSE

C	L	F	G	L	Y	P	U	L	L	C	A	R	T	S	T
P	H	Y	R	L	G	R	I	D	I	N	G	F	T	Z	R
R	L	O	D	I	W	C	E	N	E	W	S	O	R	U	A
E	O	O	R	O	E	A	I	U	H	K	F	L	A	P	N
L	S	V	W	S	M	N	G	R	M	T	V	L	C	M	S
A	E	H	F	F	E	E	D	O	I	R	Q	O	K	I	P
T	I	I	L	Y	I	S	S	S	N	V	S	W	C	L	O
I	U	S	W	N	Q	E	J	T	H	S	T	G	A	L	R
O	J	T	S	C	J	T	L	O	I	I	M	A	T	E	T
N	L	O	W	T	S	Z	E	D	B	C	P	M	T	N	A
S	T	R	O	E	W	F	U	D	S	U	A	E	L	N	T
H	S	Y	V	E	S	K	F	M	Q	Y	Z	T	E	I	I
I	U	R	Q	L	J	K	U	P	Z	M	N	M	E	A	O
P	A	B	V	W	A	R	H	O	R	S	E	G	T	D	N
H	H	U	M	A	N	S	E	X	P	L	O	R	E	R	S
G	I	T	H	A	U	L	G	O	O	D	S	S	C	S	D

Answers on page 144.

LIFE STAGES

Young horses less than one year of age are foals. Yearlings are between one and two years old. Colts are male horses less than four years old; fillies are females under age four. A mature male horse is called a stallion; the female is a mare. A stallion used for breeding is known as a stud. A castrated male horse is called a gelding.

BREEDING	MARE
CASTRATED	MATURE
COLT	NURSING
FOAL	OLD
FEMALE	STALLION
FILLY	STUD
GELDING	WEANING
LIFE STAGES	YEARLING
MALE	YOUNG

A L F H N G J X J Q L V S M J Z
F C W E A N I N G D I F M J Y O
M N A C D O O U R Z F N S X Y I
L G S S F E W L D G E H R O K M
N M N Y T T L P D M S A F G P B
P M T U O R F Y G V T K Z H L W
D A J Q R U A O D A A B T D G P
K R Y S W S N T A D G B W N F G
L E C T K E I G E L E G I E N Y
M V O A X O W N O D S D L I L M
A D H L Z E Y E G O L A L L Z A
T T C L B Y Q M F E M R I C L L
U F J I C O L T G E A F O U Q E
R A K O N M U P F E X S S Y I D
E T C N C T I C Y S T U D R E L
I B R E E D I N G T C N W Z D C

HORSE HEIGHTS

AVERAGE	NECK
BASE	RIDGE
BIG	SHORT
BONES	SHOULDERS
GROUND	SIZE
GROWTH	SMALL
HANDS	TALL
HEIGHT	TOP
INCHES	WITHERS
MEASURE	

S T E C D V J I Q O S I S U M H
M I V S E F O I W E Q N E C K Q
A H I H A X N X H W B S D A P J
L V F O W F Y C X Y R E L S X T
L L W U O M N Z Z E Q N R J N U
U R U L V I S T S H E I G H T
U V H D Q X L T E T G L F C D S
J V X E H M I N R M D R B J W I
K U A R Q W O O G G E K O A I Z
J L F S I B H K R B B A K W E E
A W G Z H S V R O I F B S B T A
N A B I G B T V U F E P A U L H
A V E R A G E L N D D C Y S R K
T A L L P Q Q T D E F G Q R E E
G V L O W J R I D G E U H X Y M
D N T O G N D K M H A N D S G X

COAT COLORS

A horse's coat color is determined by its genetic makeup, which is inherited both from its sire (father) and dam (mother). Common colors include bay (reddish-brown), brown, gray (black skin with white or mixed dark and white hairs), dun (yellowish-tan), chestnut (reddish-gold), sorrel (light chestnut), palomino (golden), roan (white intermixed with another color), pinto (spotted), and black.

BAY	GENES
BLACK	GRAY
BROWN	INHERIT
CHESTNUT	MOTHER
COAT	PALOMINO
COLOR	PINTO
DAM	ROAN
DUN	SIRE
FATHER	SORREL

W R Q J C M G X L A K Q D C F W

Z U M D O X L Q H I T O N M O G

X V P J D B W C D A W A R N M Y

C H E S T N U T R Z O E I A C R

U I K J V D G J O R H M D I O P

S N C E C A E X Q T O N V L B I

N H N S M S U Q O L H H O M A N

E E I J O N E M A G D C M V G T

L R E B G R B P O E D U J V P O

B I H R R R R R U N E R N C I N

A T F L V O M E E E F P L Y Y C

Y Q S F S R W O L S R G M I X O

A F A T H E R N B M F H R B B A

I U B L A C K O G G I I W A B T

C G S I R E C W W E B E F Q Y L

F D O N J X Q O Q X J D F Q I F

HORSE BREEDS

More than 300 breeds of horses and ponies exist around the world. Horse breeds can be classified in many ways, including where they originated (e.g., Arabian, Percheron, Icelandic), their primary use (riding, draft, stock, coach horse), their temperament (cold blood, warmblood, hotblood), and their outward appearance and size (light, heavy, pony).

APPEARANCE

ARABIAN

BREED

CLASSIFY

COACH HORSE

COLD BLOOD

DRAFT

HEAVY

HOTBLOOD

ICELANDIC

LIGHT

PERCHERON

PONY

RIDING

SIZE

STOCK

TEMPERAMENT

WARMBLOOD

Z V C H B D J U G I D P M A L Y
U X D A R A B I A N V G H P G P
O B N F C C V L I G H T O P O E
J G A I R L O T R D V L T E Z R
S X W G D D A A D X S J B A S C
F L L E C L H S C O J A L R R H
O N E J H O F A S H H J O A I E
Q R D C W M L V H I H S O N D R
B M D R I U H D E P F O D C I O
T P S P A N O E B C K Y R E N N
W M P O I F S X A L B H Y S G P
J D S N E G T Z M V O W K P E T
D V W Y J S T O C K Y O S B E W
T E M P E R A M E N T I D G P A
P T X S I Z E W A R M B L O O D
B K R I C E L A N D I C S G S M

DRAFT HORSES

BELGIAN	LOGGING
CALM	MACHINES
CLYDESDALE	PATIENT
DRAFT	PERCHERON
DRAUGHT	PLOWING
HAULING	PULLING
HEAVY	SHIRE
LEVELHEADED	STRONG
LOADS	TALL

S C W P W K Q M W P L O W I N G
Y B A J H Q T Q N A S T R O N G
N T H L T O A Y B L G B Z I X I
Z O V Y M X P Z W E Y E Z X T S
D R A U G H T Z X V P L K M T W
A C H I R T Q Z B E A G I M Y G
M A L E I A F S B L T I Z K B P
D A L Y Q L P H F H I A Q H H E
H P C O D L S I J E E N O G A R
E I U H A E G R M A N K W S U C
A H Z L I D S E A D T F H P L H
V Z T N L N S D P E X F G S I E
Y S B J N I E L A D F I D J N R
D R A F T Q N S F L P T A W G O
J Q I F T M N G V D E Z Q D D N
A W Y K B G Q U W L O G G I N G

LIGHT HORSES

Light horses were bred for speed, agility, endurance, and riding. Light horses are used for every type of riding, including pleasure riding, racing, and ranch work. Light horse breeds tend to be more spirited, energetic, and easily excitable than their heavy draft breed counterparts. Many light horses—especially Thorough-breds—are called "hotbloods" based on their high-strung temperament. Light horse breeds include the Arabian, Morgan, and American quarter horses.

AGILITY

ARABIAN

BRED

ENDURANCE

ENERGETIC

EXCITABLE

FAST

HIGH-STRUNG

HOTBLOODS

LIGHT HORSE

MORGAN

PLEASURE RIDE

RACING

RANCH WORK

RIDING

SPEED

SPIRITED

THOROUGHBREDS

C A G I L I T Y X R R I D I N G
I U A H I G H S T R U N G R V B
V H T H O R O U G H B R E D S N
H Y U D I X V O V O I I Z P R B
L O K E H O T B L O O D S L W A
O I Z P N G Y P M B R E D E S S
R O G I E E N O F A X P N A P G
A F A H X N R I I C Q Z A S I H
N D O A T Z D G Q W Z M R U R O
C L T R O H S U E M W X V R I O
H K E A M F O P R T E R Q E T H
W H U B O A A R E A I Y C R E X
O G O I R S R E S E N C J I D T
R J E A G T W M I E D C D D M O
K X W N A R A C I N G Y E E S G
O O M P N H E X C I T A B L E A

Answers on page 145.

WARMBLOODS

Warmbloods are intermediate-weight horses created by crossing draft horses (cold bloods) and light horses (hotbloods). These horses are usually calmer than light horse breeds, and more athletic and agile than heavy draft breeds. Warmbloods dominate dressage, jumping, and other equestrian sports. Warmblood breeds include the Dutch warmblood, Hanoverian, Trakehner, Oldenburg, and Holsteiner.

AGILE

ATHLETIC

CALM

CROSSING

DRESSAGE

EQUESTRIAN

EVEN-TEMPERED

EVENTING

HANOVERIAN

HOLSTEINER

JUMPING

MIDDLE-WEIGHT

OLDENBURG

SPORT HORSE

SPORTS

TRAKEHNER

VERSATILE

WARMBLOODS

L E V E N T E M P E R E D M X O
E W Y S T R A K E H N E R Q G L
Q F F J H R Z U K R X F V N E D
U G R N A F B A V E D S I F B E
E A E L N A R H Q W T S F L P N
S T V B O L K E X R S Q J Y Q B
T H E J V D F A O O A G I L E U
R L N U E M F P R R D X I L I R
I E T M R B S C H P J B V M G G
A T I P I Q W A R M B L O O D S
N I N I A A S Q X Y T R R W V X
C C G N N I Z E D R E S S A G E
H A E G H O L S T E I N E R I Q
X M L Y M I D D L E W E I G H T
X H Y M B K V E R S A T I L E C
C C S P O R T H O R S E Q R A A

PONIES

Ponies are horses shorter than 14.2 hands (56.8 inches). Ponies are versatile, sturdy, and sometimes-stubborn little horses valued for their intelligence, strength, and hardiness. Ponies are used for everything from pulling carriages and pack loads to pets and riding horses for children. Pony breeds include the Welsh, Connemara, New Forest, Highland, Shetland, and Fell pony.

CARRIAGES

CHILDREN

CONNEMARA

FELL PONY

HARDINESS

HIGHLAND

INTELLIGENCE

NEW FOREST

PACK LOAD

SHETLAND

SHORTER

SMALL

STRENGTH

STUBBORN

STURDY

VERSATILE

WELSH

E S B D N S T R E N G T H I S X
W T H C N N E W F O R E S T H L
E U E H D S M H D U D Y O R O I
L B R I I S M C A G S G C T R H
S B V L C B U A O R P D C I T X
H O K D X W B M L N D J M U E O
W R S R I Y Z X J L N I F D R Y
B N H E A S B X R X U E N G Y D
G G N N F E L L P O N Y M E M Y
B I U V E R S A T I L E L A S A
S E S T U R D Y R J R C Z Q R S
H C A R R I A G E S C I R R U A
I P I G S H E T L A N D Z F P W
J N Z F Z E D P A C K L O A D R
J I M J I N T E L L I G E N C E
S Z Y H I G H L A N D T J F Y I

HORSES OF EUROPE

Some of the world's oldest and purest horse breeds were originally developed in Europe. Today, over one hundred different breeds can be found on the continent.

ANDALUSIAN

BOULONNAIS

BRETON

CAMARGUE

CLYDESDALE

EXMOOR PONY

FELL PONY

FINNHORSE

FRIESIAN

HAFLINGER

HANOVERIAN

HOLSTEINER

ICELANDIC

LIPIZZAN

OLDENBURG

PERCHERON

SHIRE HORSE

TRAKEHNER

WELSH PONY

H J P H O L S T E I N E R E F R
Q V I C E L A N D I C P Z X I V
D R B C L Y D E S D A L E M N S
H R E L P E R C H E R O N O N A
A L I P I Z Z A N R W W T O H W
N H N G F E L L P O N Y R R O N
O B O U L O N N A I S N A P R K
V O L D E N B U R G A E K O S H
E O O A I U L G N I E F E N E B
R M P C M V F A S U E V H Y I R
I Y G M E C I U G O I L N Y P E
A I A M I S L R L P Y P E P W T
N U N D E A A F I B Z R R E I O
N E P I D M H A F L I N G E R N
P A R N A W E L S H P O N Y N S
T F A C S H I R E H O R S E T S

HORSES OF THE AMERICAS

In the 1400s Spanish conquistadors introduced horses that eventually became the base of many popular American breeds today. But that doesn't mean there weren't horses in the Americas before their arrival—there is archaeological evidence that Native American peoples were living alongside horses long before the settlers came.

AMERICAN QUARTER

APPALOOSA

ARGENTINE CRIOLLO

BANKER HORSE

CANADIAN HORSE

CHINCOTEAGUE PONY

FALABELLA

KIGER MUSTANG

MORGAN

MUSTANG

NOKOTA HORSE

PASO FINO

PERUVIAN PASO

SABLE ISLAND HORSE

SPANISH MUSTANG

STANDARDBRED

K B A N K E R H O R S E J V B V
I A M E R I C A N Q U A R T E R
G L Z W B X D R F M U S T A N G
E U G D U F M O R G A N H R Y A
R V I K U V N E S Y W V W W B P
M Q G G R K P A S O F I N O B P
U C A N A D I A N H O R S E S A
S S U C N O K O T A H O R S E L
T B V L R O B A W B K G O X X O
A Q A B I T F A L A B E L L A O
N I P E R U V I A N P A S O X S
G C T S T A N D A R D B R E D A
A R G E N T I N E C R I O L L O
C H I N C O T E A G U E P O N Y
D S P A N I S H M U S T A N G J
S A B L E I S L A N D H O R S E

ARABIAN

The Arabian is one of the world's oldest horse breeds. For thousands of years, Arabians lived among the desert tribes of the Arabian Peninsula, used by the Bedouins for transportation on long treks, beasts of burden, and war mounts. Its striking beauty, speed, stamina, intelligence, and gentleness have made the Arabian a popular breeding horse throughout the ages. Today Arabian bloodlines are found in nearly every light horse breed.

ARABIAN

ARCHED NECK

BEAUTY

BEDOUINS

BLOODLINE

BURDEN

COMPACT

DESERT

GENTLENESS

INTELLIGENCE

LIGHT HORSE

POPULAR

SHORT BACK

SILKY COATS

SMALL HEAD

SPEED

STAMINA

TRANSPORTATION

WAR MOUNTS

A R S I L K Y C O A T S N E G L
B L O O D L I N E P O P U L A R
V W Z N S T A M I N A P H C B G
T R A N S P O R T A T I O N N E
S M A L L H E A D V A G J A B N
M A R C H E D N E C K S I T H T
G W K Z O K X U Z W N B C S L L
O A Z D S F M Y S I A A N H I E
R R I B P O Q K U R P Y B O G N
H M F U X Y Q O A M B I E R H E
K O B R C C D C O S S L A T T S
C U O D J E X C T H P N U B H S
J N A E B L A X P L E X T A O C
Z T L N N R Q R U Q E X Y C R R
Y S I D E S E R T J D Z X K S U
I N T E L L I G E N C E C M E N

MORGAN

CARRIAGES	INTELLIGENT
CAVALRY	MORGAN
CIVIL WAR	RACING
DRESSAGE	RIDING
EQUESTRIAN	ROBUST
EVENTING	SHOW JUMPING
FARM LABOR	STALLION
FIGURE	VERSATILITY
GOOD-NATURED	WAR HORSE

S R I D I N G E V Z V R Z X W J

H I V E R S A T I L I T Y Z L S

O C N C C F D F A R M L A B O R

W I G T A G I E P X B G P W B B

J V U O E R D G R I W R D A U Q

U I C M O L R R U T W L B R E K

M L Q A D D L I E R L N G H R P

P W F P V M N I A S E H T O A M

I A Z U N A Q A G G S D H R C O

N R R L U B L G T E E A W S I R

G K R H J V W R B U N S G E N G

P R W X R C G E Y O R T G E G A

E Q U E S T R I A N N E V R W N

H G D E V E N T I N G G D N Q X

F M Z U F U V D K R O B U S T T

J P K U E D U S T A L L I O N J

APPALOOSA

Spotted horses have existed for millennia. Cave paintings dating to 25,000 years ago depict spotted horses. The Appaloosa is one such breed of spotted horse. The Nez Percé people developed the Appaloosa horse in North America. The breed's name likely derives from the Palouse River of Idaho and Washington. Appaloosas have several distinct coat patterns. Other distinguishing characteristics are mottled skin, white sclera, and striped hooves. The modern Appaloosa horse is used for pleasure and trail riding, working cattle and rodeo events, racing, and more.

APPALOOSA

CAVE PAINTING

COAT PATTERN

IDAHO

MILLENNIA

MOTTLED SKIN

NEZ PERCÉ

PALOUSE RIVER

PLEASURE RIDE

RACING

RODEO EVENTS

SPOTTED

STRIPED HOOVES

TRAIL RIDE

WASHINGTON

WHITE SCLERA

WORKING CATTLE

O Z W J M W N R Y H Z L D I M P
Z H L W P O A E G C G R O D I A
A T H Y O L T S Z D X D E A L L
T E D B U R E T H P P A D H L O
K G W A Z T K A L I E N D O E U
S P O T T E D I S E N R B R N S
T Q R G D L X B N U D G C D N E
Q R A C I N G M N G R S T E I R
P T I G X H F V H E C E K O A I
R O D E O E V E N T S A R I N V
W L Z A P P A L O O S A T I N E
S T R I P E D H O O V E S T D R
T R A I L R I D E U W P J Z L E
C C O A T P A T T E R N P D F E
D V X W H I T E S C L E R A Z S
G C E I C A V E P A I N T I N G

SHIRE

The world's largest horse breed is the Shire. It descends from Britain's "great horse," which carried men in heavy armor into battle. The Shire proved just as useful in agriculture and industry as it did in war. Throughout its history, the Shire has been used in agriculture and industry, prized for its immense pulling capacity. Shires are usually bay, brown, black, or gray and have feathered hair below the knee.

AGRICULTURE

ARMOR

BAY

BATTLE

BROWN

BLACK

ENGLAND

FARM WORK

FEATHERED HAIR

GRAY

GREAT HORSE

HEAVY

INDUSTRY

LARGEST BREED

PLOW FIELDS

PULL CART

STRONG

TALL

WAR HORSE

O I A W X I E K Z P B A T T L E
E N M G U E A R M O R N O X Y L
C D P T R K N Y W T V S Q G P A
Y U X V Z I B G P H M M N R U R
N S A E M H C L L L K T S E L G
P T P S A G T U A A U I T A L E
I R B U T J M A L C N C R T C S
W Y A O J J Y H L T K D O H A T
C A Y T P V W P U L U D N O R B
P L O W F I E L D S A R G R T R
K F A R M W O R K T B H E S T E
Q O N P P A R A Q V R M K E R E
O W A R H O R S E B O M R R U D
O Y E C P J M V S G W H E A V Y
J Z G R A Y O H O Z N R I O P W
F E A T H E R E D H A I R A V S

MISAKI

BAY

BLACK

CAPE TOI

CHESTNUT

ENDANGERED

FERAL

ISLAND

JAPAN

KYUSHU

MISAKI

MIYAZAKI

MONUMENT

NATIVE

PREFECTURE

SMALL

TOURISTS

Q C L S C I N O P E M I S A K I
A H E E G D X K V E W C A Q W F
B E A Q O R C I C A D T X Z V Y
A S Z Q P A T T O D C M S D L M
Y T C W L A J K G Y H M L N D I
S N Y B N M O N U M E N T E D Y
J U B Z Z I U V M Q D S R C K A
U T P Y E U U U V R T E G B M Z
Q S M A L L N B D S G V J M A A
M M G Z S L I N I N Q X T U I K
J D Q E U O A R A Q N I M F L I
A P K O T L U D Z A X Y D Y M G
P V V E S O N C B R K Y U S H U
A R P I T E H N T Z V X D O Q R
N A S P R E F E C T U R E Z X M
C D M R I V F E R A L I H X B V

SABLE ISLAND HORSE

Sable Island horses are named for the narrow island they inhabit off the coast of Nova Scotia, Canada. The short, stocky horses are the only land mammals on the sand dunes of Sable Island, aside from the few human inhabitants. These small feral horses are protected from human interference by federal law. They have thick shaggy coats, manes, and tails that help them survive harsh winters.

CANADA	PROTECTED
COASTAL	SAND DUNES
COATS	SHAGGY
ISLAND	SHORT
FEDERAL LAW	SMALL
FERAL	STOCKY
MAMMALS	TAILS
MANES	THICK
NOVA SCOTIA	WINTERS

F E R A L B D H S R V D D T V K
R S M A L L G N I S L A N D C G
F E U L N K M B M A N E S S W H
E B X E Z O Q T L V V Q L U I R
D N O V A S C O T I A A G J N R
E F C S W L W U P D M I I Y T S
R F Q T I Q L B E M F L L J E H
A X P O N Y W T A J G C L W R A
L C U C W J C M C P P S O J S G
L K C K M E M B V O U X H A L G
A E O Y T G H W M P A M E O T Y
W F E O E S T H I C K S D F R S
O G R A E L F P E W O W T M W T
G P T A I L S C Z U F D M A I R
L I I V S A N D U N E S P L W
U C A N A D A A V M M Y B Q B C

Answers on page 148.

MUSTANG

The American mustang is a feral horse found in the western United States. The English word mustang comes from the Spanish word mesteño, meaning wild, stray, or owner-less. The mustang first descended from domesticated horses the Spanish brought to the Americas but eventually became a mix of numerous breeds. Today the Bureau of Land Management (BLM) protects and manages the free-roaming mustang population.

AMERICA

BLM

FERAL

FREE-ROAMING

GRASSLANDS

HERDS

INTELLIGENCE

MESTEÑO

MIX OF BREEDS

MUSTANG

OWNERLESS

POPULATION

PROTECTED

SPANISH

STAMINA

STRAY

WESTERN USA

WILD

S T X F R E E R O A M I N G L Z
Z A X S L S C A V M U S T A N G
E M S S E N P Q M C W D U M K X
D I S P A N I S H E R I Q V I S
O X P F H P U M U S R Z L N N W
W O R M G U C W D A G I H D T E
N F O Q R W P R Y G O Q C J E S
E B T V A A E Z B X I Z O A L T
R R E I S H M E S T E N O Y L E
L E C I S S T A M I N A A B I R
E E T E L F P F D O F R D D G N
S D E M A Z Q U F J T O C M E U
S S D T N H F S G S G W L I N S
K A E G D Z Y Q B Y C B I U C A
P Q U Y S P F E R A L M O E E R
S Y P O P U L A T I O N A U Q W

AMERICAN QUARTER

The American quarter horse—the most popular breed in North America—originated in the 17th century when colonists crossed imported English Thoroughbreds with Native American horses of Spanish origin. The result was a compact, muscular horse that worked well with cattle and was perfectly suited for the short-distance races the colonists loved. Today quarter horses are used for everything from racing and ranching to rodeo events and recreational riding.

AMERICA

CATTLE

COLONISTS

COMPACT

CROSSBREED

MUSCULAR

NATIVE

POPULAR

QUARTER

RACING

RANCHING

RECREATION

RIDING

RODEO

SPANISH

SPEED

STRENGTH

E S Q U K P O P U L A R A S O Z
O T A Y R K N U R A C I N G U F
D R K R I D I N G A V C R Y H H
X E M S M R D Q N S E R O Q A S
D N Y Q N M O P D U T O D U X A
A G E D M N J P T N Z S E A X X
G T C O L O N I S T S S O R M W
B H Z E Y S P W D N N B Q T U B
Z W F H B C Y E B A A R F E S N
R E C R E A T I O N T E P R C M
L W S C A T T L E O I E L J U M
G O P Y S Y D V G X V D H O L J
S M E I A C L N E N E W F I A U
L O E Z K W V A M E R I C A R C
Z J D Z E P T G R A N C H I N G
X S P A N I S H V C O M P A C T

FALABELLA

The Falabella miniature horse is one of the smallest breeds in the world. A mature Falabella typically stands between 28 and 34 inches tall at the withers. The most common coat colors are black, brown, bay, and chestnut. This popular breed gets its name from the family that developed the breed in Argentina in the mid-19th century. These hardy horses are known for being friendly and affectionate.

AFFECTIONATE

ARGENTINA

BAY

BLACK

BREED

BROWN

COAT

CHESTNUT

DEVELOPED

FALABELLA

FRIENDLY

HARDY

LOYAL

MINIATURE

NOT A PONY

POPULAR

SMALL

WITHERS

O O U S X D A B F G X R K B L T
N G G X Y X F D L R Z Q M P Z P
O R F Y J I F E Y A M B E P C A
H N S O O Q E V H H C R V M L D
E C T B X L C E S A I K E L D L
M H F R S N T L M R W Q E E L L
U E R O T O I O W D L B E L B S
Z S I W Y T O P N Y A R A E R W
M T E N P A N E D L B M T E T T
U N N W B P A D A Z S Q H Q Y D
Q U D Z E O T F W V S T V A F U
X T L F B N E B P M I S B C V X
C H Y R J Y O C T W L O Y A L C
Y O Z M I N I A T U R E B K Q A
P U A D P O P U L A R U P F L A
J D C T D A R G E N T I N A G U

Answers on page 148.

SUFFOLK PUNCH

The Suffolk punch is a draft horse. The breed was developed by farmers in Suffolk County in eastern England. They are strong, faithful, and hardy workers. Today the breed is used for forestry, other draft work, advertising, and crossbreeding to produce heavy sport horses. Suffolk punch horses are always chestnut, with colors ranging from light golden to dark liver.

ADVERTISING	FARMERS
BREED	FORESTRY
CHESTNUT	HARDY
CROSSBREED	HEAVY
DARK LIVER	LIGHT GOLDEN
DRAFT WORK	SPORT HORSE
DEVELOPED	STRONG
ENGLAND	SUFFOLK PUNCH
FAITHFUL	WORKERS

F A R M E R S D K A R S T F F C
A J E B Y W N R D D S T H G C R
B R E E D A O Y A V P R W S P O
R L S I L W R T R E O O C Z Q S
B Y K G T T X L K R R N X Y Z S
O H N F S K U X L T T G V Z G B
P E A E Q F S O I I H H D G R R
X R R J H Y J Z V S O W E I J E
D O L T D U I W E I R H T A A E
F L I R Y Y P N R N S V A D V D
C A A F O W F M H G E M H Q I Y
F H N U S U F F O L K P U N C H
C V W O R K E R S U Q X Q I C K
Q L N Z G Y C C H E S T N U T N
B O W W Z D E V E L O P E D E H
X C L I G H T G O L D E N R Z V

FELL PONY

The Fell pony gets its name from the fells (mountains or hills) of northern England where the breed originated. It has been a recognizable breed since Roman times in England. The Fell pony is noted for its hardiness, agility, strength, and adaptability. Fell ponies were once used as packhorses, carrying copper, slate, iron, and lead. Today they are used for pleasure riding, driving, and as family pets.

ADAPTABLE

AGILITY

COPPER

DRIVING

ENGLAND

FAMILY PET

FELLS

HILLS

IRON

LEAD

MOUNTAINS

NORTHERN

PACKHORSE

PLEASURE RIDE

ROMAN TIMES

STRONG

P R D N S G F G Y V F J G C J G
L O Y X O V C T A U F R J G P D
C M G C S G I S Y A E K C K W R
G A U Y C L R S U E L M X M D I
D N Q R I P J F U Q L E K A B V
K T W G Q P K H R K S M V I N I
P I A J A F A M I L Y P E T Q N
Q M M W E D I M Z T I J I E B G
I E Z K R N A L W U K Z W G N
R S Q Y G M G P O V H L M W Q N
O S R X P W O L T R S I E M Q C
N J Z Z X Z J P A A T T L A E S
F C O P P E R W F N B H R L D W
P A C K H O R S E Y D L E O S G
M O U N T A I N S F P O E R N Z
I N P L E A S U R E R I D E N G

CLYDESDALE

BEER

BUDWEISER

CLYDESDALE

CROSSBRED

DRAFT

DRIVING

FIELDS

HAIR

HEAVY

LANARKSHIRE

LARGE

MASCOT

PLOW

RIDING

SCOTLAND

SENSIBLE

SILKY

SPORT HORSE

STRONG

J H D R A F T G H Y Y S R L C F
I D L E I M R L R R I D I N G T
U O E A M L A N A R K S H I R E
N W Y R R G B U D W E I S E R D
F L I Z X G S T R O N G M R E R
N A C Y D L E C X G F T E Q X I
H H X R R H E A V Y P E V C S V
H G K G O S U Z H Y B Z E L P I
M E P S E S I F B T S S Z Y O N
A Y W F E T S L Z Y U C R D R G
S P L B I N K B K G J O X E T K
C V L K H E S D R Y E T K S H I
O O H O T Q L I Y E U L M D O V
T W U Y W E D D B T D A W A R P
I O E X K K S U S L B N W L S N
A E M H Y M F N G H E D L E E Y

DUTCH WARMBLOOD

The Dutch warmblood evolved from two native Dutch breeds: the Gelderlander and the Groningen. Warmbloods are typically athletic horses known for their trainability and calm temperament. Dutch warmbloods are often used in equestrian competition, including dressage and show jumping. These horses can be black, brown, bay, chestnut, or gray, and white markings on the face and legs aren't uncommon.

BAY	GELDERLANDER
BLACK	GRONINGEN
BROWN	GRAY
CALM	JUMPING
COMPETITION	LEGS
CHESTNUT	NETHERLANDS
DRESSAGE	TEMPERAMENT
DUTCH	WARMBLOOD
EQUESTRIAN	WHITE MARKS

D J W H I T E M A R K S L X C U
W W Y J G E L D E R L A N D E R
A B A O T E M P E R A M E N T D
R L C B A Y B F O C L Z N J Z L
M A H P K D M R E I R D U T C H
B C E D N S D Z O H A T R Z G E
L K S C R C M R A W J R J X R Q
O G T N E L H Z E L N V A H A U
O F N Z A I Q Q T S S L U S Y E
D F U C G G M Y J A S U U E M S
V K T W O C R Y R U K A T E K T
L Z B Y T P D Z J Y M K G A D R
N I A L E G S B F W O P I E A I
C O M P E T I T I O N V I H E A
N E T H E R L A N D S I X N N N
Z U G R O N I N G E N Q R B G A

GOTLAND PONY

The Gotland pony is a primitive breed native to the island of Gotland in Sweden, where ponies of this type have been documented as far back as the Stone Age. They are also known as Russ or Skogruss (meaning "little horse of the woods"). Gotland ponies are hardy, athletic, and have a gentle, docile disposition. The Gotland is a popular riding pony for children and is often used for driving, racing, and farm work.

ATHLETIC

DOCILE

DRIVING

FARM WORK

FRIENDLY

GENTLE

GOTLAND

HARDY

NATIVE

POPULAR

PRIMITIVE

RACING

RIDING

RUSS

SKOGRUSS

STONE AGE

SWEDEN

WOODED MOORS

S G R V W R G O N T G M A B W W
K P A A L X C E E B O C T I S O
O O M M F L D V I Y T U H R K O
G P J E Y E I Y Y E L C L I P D
R U L O W T L D E E A K E D R E
U L N S A D Y F O F N X T I I D
S A B N N L R G S C D A I N M M
S R L E Y Q N U S Q I X C G I O
X I I Y N I R Q V T G L Q G T O
W R R Q V X G H Y U O A E K I R
F S I I N N D A R H D N M K V S
S V R S I V J X O U A P E S E F
Z D O C V D K K T C S R E A R X
O R A A A H R Q Y O M S D L G F
D R M K F A R M W O R K D Y V E
G M G E N T L E K N L F Q O T V

Answers on page 150.

BELGIAN DRAFT

The Belgian draft horse descended from the Flemish "great horse," the medieval warhorse that carried armored knights into battle. Belgians have thick, muscular bodies and short legs. Belgians are still used as working animals today, but are also used for pleasure riding, pulling wagons, and as show horses. They are docile and willing workers known for their tremendous weight-pulling capacity.

BATTLE

BELGIAN DRAFT

CAPACITY

DOCILE

DRAFT HORSE

FLEMISH

GREAT HORSE

MEDIEVAL

MUSCULAR

PULL WAGONS

RIDING

SHORT LEGS

SHOW HORSE

STRONG

THICK

WARHORSE

WILLING

WORKERS

I C S G M C F H T S J E K I K P

R X H D O C I L E H S W G U C I

P H O Q H K J W E R R N T X A I

T O R O B A U L O A I F Y J P B

V T T P O W T H L D A I U N A T

C H L M A T T U I R U B D W C W

G I E J A F C R D B B H C I I K

R C G B A S E N E Z L F Y L T O

E K S R U Q A S H A W H J L Y W

A R D M Q I R S V H C F D I F K

T F V C G O I E P X E X R N E M

H J F L H M I S T R O N G G Y J

O D E R E D P U L L W A G O N S

R B A L E Q G E W O R K E R S F

S W F M T X G T S B Y I I W P Y

E K E U J G P S H O W H O R S E

Answers on page 150.

BRETON

The Breton is a draft horse developed in Brittany, a province in northwest France. There are three types of Breton. The Corlay or Central Mountain Breton is the smallest, standing 14.3–15.1 hands high. The Postier Breton stands an average of 15.1 hands high and is used as a coach horse and for light farm work. The heavy draft Breton is the largest, standing 15.2–16.2 hands tall. Bretons usually have a chestnut coat, often with a flaxen mane and tail.

BRETON	FRANCE
BRITTANY	HANDS
CENTRAL	MANE
CHESTNUT	MOUNTAIN
COACH HORSE	NORTHWEST
CORLAY	POSTIER
DRAFT HORSE	PROVINCE
FARM WORK	TAIL
FLAXEN	THREE TYPES

Z Q R V V D M V B C K B N D E M
I Z T C D N R O V M E V V H L T
Y Z P O W O U A U B A N C Y R V
M U F R U R D P F N R N T K G C
C B B L R T H H R T T E E R L Y
N T T A W H A B A O H A T T A Q
B H P Y J W N H U A V O I O F L
R R H I D E D B A Y A I R N N P
I E O F L S S F A V K T N S C O
T E U Z Z T F R A N C E R C E S
T T C O A C H H O R S E K O E T
A Y Z K H A Q J I F L A X E N I
N P C H E S T N U T E K I P N E
Y E J Z X Z T A I L N O Q O R R
Q S L J A F K F A R M W O R K Y
U L X O C H Q D S T O N W X D R

CONNEMARA PONY

The Connemara is a pony native to the Connemara region of County Galway in western Ireland. The breed is known for its hardiness, athleticism, surefootedness, versatility, and good disposition. Connemara ponies are used as general riding ponies for children and adults and as hunters, jumpers, and show ponies.

ADULTS

ATHLETIC

CHILDREN

CONNEMARA

DRESSAGE

DISPOSITION

EQUESTRIAN

GALWAY

HARDY

HUNTING

IRELAND

JUMPING

MOORLAND

NATIVE

RIDING

SHOW PONY

SUREFOOTED

VERSATILE

I V H O L X C H I L D R E N P V
H E Q U E S T R I A N U P N E S
S A N D I S P O S I T I O N S G
V L Y A I O G A L W A Y J Y N L
I U U V E R S A T I L E D I U T
I R E L A N D S V D T R T S S F
L I N V B A I U F H A N B D S A
F G W V Y T M R H H U C F R C Z
S D S J R H O E G H D O Y E U J
H J O M R L O F R T S N A S G U
O R T M F E R O I X L N A S O M
W K M C Y T L O D T B E D A F P
P J X O I I A T I K F M U G F I
O M Y M X C N E N T B A L E L N
N Q J K L K D D G V T R T P P G
Y N A T I V E V G Y H A S N K Y

HAFLINGER

The Haflinger (also known as the Avelignese) developed in the mountains of Austria and northern Italy. The breed gets its name from the village of Hafling in the South Tyrol region of northern Italy. The hardy Haflinger was traditionally used for farm labor, pulling carts and carriages, transportation, and pack hauling. Today Haflingers are also used in various equestrian disciplines.

AGILE

ALPS

AUSTRIA

AVELIGNESE

CARRIAGES

DRESSAGE

EQUESTRIAN

FARM LABOR

HAFLINGER

ITALY

MOUNTAINS

PACK HAULING

PULL CARTS

SHOW JUMPING

SOUTH TYROL

SUREFOOTED

TRANSPORTATION

VAULTING

H R M J P E U Z M F Z C A L P S
G A T O S U S B U N K K A W C A
A L F R U H L G A X F F G D A P
S P S L A N O L U U K C I R R W
O A Z U I N T W C V Y Y L E R S
U C I V R N S A J A M M E S I W
T K F T A E G P I U R N D S A U
H H A D A U F E O N M T T A G E
T A R D Z L L O R R S P S G E Z
Y U M R R P Y T O S T J I E S B
R L L N H F K G I T C A Y N R M
O I A Y S H F Z F N E L T P G F
L N B D P F U L M B G D T I E C
Q G O M A V E L I G N E S E O X
B S R W H D A U S T R I A D K N
Q M M Z Z V E Q U E S T R I A N

LUSITANO

The Lusitano (also known as Pure Blood Lusitano or Puro Sangue Lusitano) is a Portuguese breed closely related to the Spanish Andalusian. The two breeds, which developed on the Iberian Peninsula, were considered one breed called the Andalusian until the late 1960s. When the Portuguese and Spanish studbooks split in 1966, the Portuguese strain was named the Lusitano, after the word Lusitania, the ancient Roman name for the region that present-day Portugal occupies. Lusitanos are known for their intelligence, calm temperament, and willing nature.

ANDALUSIAN	PURE BLOOD
BREED	PURO SANGUE
CALM	REGION
IBERIAN	ROMAN
INTELLIGENT	SPAIN
LUSITANIA	STRAIN
LUSITANO	STRONG
PENINSULA	STUDBOOKS
PORTUGAL	WILLING

J Z G K L C X Z I A N N A I J S
E G A T U L H F K I I L I H I T
O M N H S E X B A A U D B J W R
Y N D D I U L R P S L C E N A O
Q F A I T S T S N Z N T R O V N
N O L R A S G I E L D K I L N G
B G U E N X N Z D I G V A J H L
R W S G O E T R U D C I N T V E
Q O I I P I N T E L L I G E N T
R S A O F T M R O M A N O I A E
P G N N O Y P U R O S A N G U E
S T U D B O O K S W Z Q K F P C
I B R E E D L U S I T A N I A A
P O R T U G A L N A O W G D N L
V T W I L L I N G S Z L K Y U M
U K T U P U R E B L O O D W W V

ORLOV TROTTER

The Orlov trotter is Russia's most famous horse. The breed was developed in the late 18th century by Count A. G. Orlov, who crossed various European mares with Arabian stallions. Orlov trotters were used for riding, harness racing, carriages, and to improve other Russian breeds. Throughout most of the 19th century, no other trotting breed could match the Orlov trotter's speed, stamina, and hardiness.

A.G. ORLOV

ARABIAN

CARRIAGE

CROSSBREED

EUROPE

FAST

HARDY

IMPROVE

MARE

ORLOV TROTTER

PRESERVATION

RACING

RIDING

RUSSIA

SPEED

STALLION

STAMINA

TROTTING

B J X U P C C T H W Q N K J T U
S Z E W R J R N N Q P T A U J K
P R U I E M W O Z A R A B I A N
F U R M S A Y G S R L Q L P S U
S S O P E R K J V S A R P O J A
T S P R R E T R B O B C P B Q S
A I E O V U Y R K O B R I B E T
L A X V A M F U O S L P E N A A
L E V E T Q A G W T S D E E G M
I T L K I Z S U I L T P Q L D I
O E L S O S T S X V P I E O L N
N M K Y N K J Z V P O D N E K A
U O R L O V T R O T T E R G D B
C U C S R I D I N G D T I C Q K
I A G O R L O V R W C B S Z Y U
C B C A R R I A G E H A R D Y E

BASUTO PONY

The Basuto (or Basotho) is a breed native to the enclave of Lesotho in South Africa. The Basuto pony developed from the Cape horse of South Africa sometime after 1825. The Basuto pony was recognized as a distinct breed by 1870 and was used extensively in the Boer Wars of the late 1800s. Basuto ponies are known for their stamina, docility, surefootedness, courage, and hardiness.

BASOTHO	DOCILE
BASUTO	ENCLAVE
BOER WARS	ENDURANCE
BREED	HARDY
CAPABLE	LESOTHO
CAPE HORSE	SOUTH AFRICA
COMPACT	STAMINA
COURAGEOUS	STURDY
DISTINCT	SUREFOOTED

S R Y Q D B X B U R D X H V B N
G N A W I S E T A X Q O A O A F
F F X V S C O N T S S T R Y S L
J N L C T S O U D E U K D F O E
G J X U I Q Z U T U N T Y Q T S
D S P J N X R C R H R C O P H O
C U A H C V I B O A A A L I O T
S E P W T M V B Y M G F N A N H
S U R E F O O T E D P E R C V O
R Q C A P A B L E G A A O I E E
Q I H M H R S L F K I Y C U C P
C S L B O E R W A R S M D T S A
Q P C D O C I L E S T A M I N A
K N O L Y H B B H X G Q Y X B K
C A P E H O R S E P W D W D W G C R
S T U R D Y B R E E D Q C X Z W

TRAKEHNER

The Trakehner is one of Europe's oldest warmblood breeds. The breed was developed at a stud farm King Frederick Wilhelm I of Prussia established in Trakehnen, East Prussia, in 1732. A small, native breed called the Schwaike was crossed with English Thoroughbreds and Arabians. The result was a surefooted, intelligent, athletic horse. Today the Trakehner is considered one of the most elegant European warmbloods, prized for its jumping and dressage talents.

ARABIANS

ATHLETIC

BREED

DRESSAGE

ELEGANT

EQUESTRIAN

FREDERIK

INTELLIGENT

JUMPING

NATIVE

PRUSSIA

SCHWAIKE

STUD FARM

SUREFOOTED

THOROUGHBRED

TRAKEHNEN

TRAKEHNER

WARMBLOOD

B E Y Y L H F R E D E R I K T T
R Q H H O X Y R F V E U N X R P
E U J U M P I N G Y F E Q D A D
E E F N A T I V E A N J E P K Y
D S L O L K F P I H D R S E E E
U T W T D Q U S E O B N K D H L
C R F T Y E S K O H A I E W N E
X I K V R U A L G I A T Z O E G
A A T F R R B U B W O V L T R A
T N K P T M O A H O R R G Q Q N
H U A V R R R C F C Z Z I S I T
L C T A O A S E L H C K P R V S
E F W H S Y R O S T U D F A R M
T H T Q S U E J R J G I Q D R N
I S H W S D R E S S A G E L L X
C I N T E L L I G E N T G F L Z

Answers on page 152.

PERCHERON

The Percheron is a draft horse breed that originated in the Perche region in northwestern France. Once a warhorse, then a popular draft horse, the Percheron today is used for everything from parades and carriage rides to competition hitching, halter, and riding classes. Percherons are prized for their agility, energy, endurance, calm disposition, and willingness to please.

AGILE	HEAVY
CALM	HITCHING
CARRIAGE RIDE	NATIVE
COMPETITION	NORTHWESTERN
DRAFT HORSE	PARADE
ENDURANCE	PERCHERON
ENERGETIC	RIDING
FRANCE	WARHORSE
HALTER	WILLING

L C S Z O T R M H A L T E R Q L
P A U H I T C H I N G D H L W C
A R V I N O R T H W E S T E R N
R R Z B R E P E S L N A G I L E
A I E F C I N H X K J T N P V H
D A N W P C D D Q I A J A E C E
E G E I E P O I U L F X T G N A
J E R L R I E M N R E R I P C V
B R G L C F W I P G A C V I G Y
W I E I H V R A D E P N E R K W
T D T N E B T A R I T C C R W N
E E I G R P E L N H Y I A E H A
X J C S O S L G C C O U T L M O
J T F U N F Z T F D E R F I M S
B Q D R A F T H O R S E S Q O U
H E H P W R A U X Y V I U E N N

Answers on page 152.

DARTMOOR PONY

The hardy Dartmoor pony is named for the rocky, barren Dartmoor in Devon, England, where the breed has lived for centuries. These ponies were used to carry tin from mines to surrounding towns. When mines closed, most of the ponies were let loose to roam and graze the moors, except those kept for use on farms. Because of their calm temperament and surefootedness, they make excellent riding ponies for children.

BARREN	HARDY
BREED	MINES
CALM	MOOR
CHILDREN	PONY
DARTMOOR	ROAM
DEVON	ROCKY
ENGLAND	SUREFOOTED
FARMS	TEMPERAMENT
GRAZE	TIN

H U D G R A Z E M R T D U L U Z
Z Y L A W H C K Z H N I E J X S
A W C B R V D Q W Y T Q N V U B
Y K H A T T C A L M B R T G O X
F A I R S E M E E N G L A N D N
D Y L R A R M O D P J X U K R X
N C D E A F O P O U E M M A X L
Q H R N B S T A E R Z D O Z U H
D O E E M S U T M R C R O X R F
L M N R B R E E D L A D R D O Z
E W A W M C J E C H N M M B C D
S F M B D I A S T A J M E Y K B
A V P V T A E F Z R N P T N Y A
T J K V J C B E S D R H O K T F
P A C Q O J H V S Y D F C N N Q
C T S U R E F O O T E D X Y Y N

KYRGYZ

ASIA	MILK
CULTURE	MOUNTAINS
ESSENTIAL	NOMADIC
GAMES	PRODUCTION
HARDY	SMALL
IDENTITY	STEPPES
KYRGYZ	TIAN SHAN
KYRGYZSTAN	TRADITIONAL
MEAT	TRANSPORTATION

K B I F E S S E N T I A L V G U
T D Z K K T A O E M D M G N W D
K T U Y O O C E Y U Q X A T S M
M R C R H F N Z O O N T Q R T K
I A T G F B S N O Y S X S A E O
L D M Y Y U L E H Z E N L N P H
K I N Z E C L V Y R I G A S P D
L T O M E A T G U A J V L P E D
Z I M B X L R T T X N U C O S T
I O A Z Y Y L N H K B R N R L U
W N D R K U U P A A V G U T R P
G A I Y C O B A P S R Q C A A S
A L C I M B J K K A I D K T Z M
M P R O D U C T I O N A Y I K A
E T M I D E N T I T Y Y O O L L
S Y E Z E T I A N S H A N N E L

HORSE OF THE BADLANDS

Feral horses have existed in the Badlands of North Dakota since the mid-1800s. Cattle ranchers saw these horses as a nuisance, but protection efforts began in the 1950s. Today, Theodore Roosevelt National Park is home to many bands of wild horses. They typically range in small groups of 5–15 animals. Each band consists of a stallion, his mares, and their offspring. These horses show some interesting color characteristics: many have a white or "bald" face and spots or "dappling."

BADLANDS

BALD

BANDS

CONSERVATION

DAPPLING

FACE

FERAL

FREE-ROAMING

MARES

NORTH DAKOTA

OFFSPRING

PROTECTED

RANCHING

RANGE

SPOTS

STALLION

WEST

WHITE

WILD

F R E E R O A M I N G W D T L M
S P O F F S P R I N G S P O T S
O Z D A P P L I N G A K N N M L
C O N S E R V A T I O N O D H Y
H N B O W H I T E G S C R Y C W
W H A E D S L L T D W M T K U Z
I Z L F M R F B N P W A H F Z H
L K D S I B Z A B R J R D W R F
D C F T R A B Z F O L E A O L I
Q E P A A D Q F E T E S K B O Q
R S M L N L X Q R E V D O Z N R
P H P L C A A W A C R F T P U E
N G W I H N Q X L T Q A A P G T
L U S O I D E F V E T C E N S W
J I A N N S L N I D P E A E Y A
F N C D G W K G C F N R W O K M

ARGENTINE CRIOLLO

The Criollo, or Crioulo, traces its ancestry back to the horses Spanish conquistadors brought to South America and then set free in the 1500s. Over time, these horses evolved into considerably hardier animals that could survive harsh conditions. Today the breed is prized for its endurance and stamina, and comes in many colors: bay, black, brown, chestnut, grullo, buckskin, palomino, roan, and gray are all common.

ARGENTINE

ANCESTRY

BAY

BLACK

BROWN

BUCKSKIN

CHESTNUT

CONQUISTADOR

CRIOLLO

CRIOULO

ENDURANCE

EVOLVED

GRAY

GRULLO

HARDY

PALOMINO

ROAN

STAMINA

E X M A N C E S T R Y D Y Q A O
G B A Y K U W Z C F O D R N N K
R U W B B V U C O R R A A I C K
U R S Q P D A C T A Z O M A P B
L R D B L J I V H L R O L L H H
L E N D U R A N C E L B D R T J
O A Y S J S U V W A O E Z S Q B
C R G S R F X W P S A W F O U O
N G M C G Z F F C R I O L L O N
S E O R C O N Q U I S T A D O R
T N G I D R E L R Z Q H I M D B
A T Y O B L Z B U C K S K I N P
M I W U I J C H E S T N U T C E
I N B L O B R O W N Q A V T K Q
N E P O M Z A R Q G R A Y L M K
A K O J E V E V O L V E D Y T J

NEW FOREST PONY

The New Forest pony is one of the recognized breeds of the mountain and moorland ponies of the British Isles. The breed is native to the New Forest in southern England, where ponies have lived for thousands of years. New Forest ponies are known for their intelligence, strength, versatility, surefootedness, and eager-to-please temperament. The breed is used for show jumping, dressage, driving, and cross country events.

BRITISH ISLES	MOUNTAIN
CROSS COUNTRY	NATIVE
DRESSAGE	NEW FOREST
DRIVING	PONY
EASYGOING	RECOGNIZED
ENGLAND	SHOW JUMPING
EQUESTRIAN	STRONG
INTELLIGENT	SUREFOOTED
MOORLAND	VERSATILE

L C R O S S C O U N T R Y Y Z T
F U N E W F O R E S T S N R Q M
A B A D R I V I N G S X E S A O
F R R E K M G G J R I B A H D O
I Y S I Q V M H U T D N S O R R
Q N S T T U I U U U Y E Y W E L
R M T U R I E D A K K T G J S A
E M N E R O S S E D Z M O U S N
C H O E L E N H T M C R I M A D
O V S U N L F G I R J X N P G D
G A V V N G I O E S I I G I E N
N B E I Y T L G O I L A S N C A
I P O N Y Y A A E T W E N G P T
Z Q T Z E G L I N N E K S Z M I
E J U A Q L F V N D T D W R M V
D B K M I V E R S A T I L E C E

FRIESIAN

The Friesian horse is native to the province of Friesland in the northern Netherlands. It is one of Europe's oldest breeds. Friesians were once used to carry knights into battle. The breed nearly became extinct before World War I, but today its numbers and popularity are increasing. Friesians are always black, and they have a long mane and tail that are often wavy.

BATTLE

BLACK

EUROPE

EXTINCT

FRIESIAN

FRIESLAND

KNIGHTS

LONG

MANE

NATIVE

NETHERLANDS

NORTHERN

OLD BREED

POPULARITY

PROVINCE

TAIL

WAVY

WORLD WAR ONE

```
U W B T J B N K X M G H A X A W
B J A A Z E X T I N C T L N U G
A L K V T M L O N G C Y X O C R
C X A A Y T E M A N E R P R F S
N B M C R C L B Z Z V B O T R T
Q C A Y K D I E O S N G P H I N
F R I E S L A N D P N S U E E S
H O L D B R E E D Z R D L R S L
S S U N Z R P D A Q X B A N I M
K W O R L D W A R O N E R E A E
N D B R M I Q R P K C T I U N I
I O J I R B H K C J Q A T R C T
G I Q N A T I V E K Y I Y O C T
H P R O V I N C E W B L C P J O
T Z X S N H P G R K R Q P E A H
S B B H W N E T H E R L A N D S
```

Answers on page 153.

NORWEGIAN FJORD

The Norwegian fjord horse is one of the world's oldest horse breeds. It is believed to have been in western Norway for more than 4,000 years and domesticated as early as 2000 B.C. The fjord horse is strong enough to plow fields and haul timber, yet light and agile enough to make an excellent riding horse. Fjord horses are always dun colored, and are known for their vigor, stamina, willingness to work, and gentle temperament.

AGILE

DRAFT WORK

DRESSAGE

DRIVING

DUN

EUROPE

FIELDS

FJORD HORSE

GENTLE

HAUL

LIGHT

NORWAY

PLOW

STAMINA

TIMBER

VIGOR

WILLINGNESS

WORK

S C W I L L I N G N E S S I G Q
C S I S T A M I N A J T W U D R
F A Y M U D G M V U D A J O J D
X V U B Q N N F J H R G M B N Y
H P G S I N B J L N E I N K J L
T L S V U C B O I I S L G C Z H
U I I K U J H R G G S E Q F V K
N R R E T K E D H B A F P K R X
D O K K T A U H T H G J W O A Y
W B X G I Y R O E L E O W H S H
U Q U I M O O R G M L T W D J R
K S O X B L P S E P F W L K O W
B U L M E K E E L A Y E G G R Z
H A U L R Q D W R N I W I V U C
U D U N A B C D J F E V M J Q D
E G E N T L E O N O R W A Y E A

BOULONNAIS

The Boulonnais is a draft horse breed that developed in northern France. The breed's history begins before the Crusades. Over the years, Spanish Barb, Arabian, and Andalusian blood have been added to the breed. The modern Boulonnais is an energetic, elegant draft horse that has contributed to other breeds, including the Italian heavy draft, the Ardennes, and the Schleswig horse. Boulonnais are usually gray, ranging from light to dark and dappled.

ANDALUSIAN	ENERGETIC
ARABIAN	EUROPE
ARDENNES	FRANCE
BOULONNAIS	HISTORY
CRUSADES	LARGE
DAPPLED	LIGHT GRAY
DARK GRAY	NORTHERN
DRAFT HORSE	SCHLESWIG
ELEGANT	SPANISH BARB

G K M D S R F N F Z N Z E W C O
D A R K G R A Y W Z H D V U R L
N O R T H E R N S E X R G M U Q
C A R A B I A N G Q F A I S S H
B P M B G M U R H L K F C P A V
B O U L O N N A I S E T A A D H
R L A D A P P L E D N H J N E I
Y C I N N J P H J S E O S I S S
A N L G D F T B D Z R R C S O T
R E A U H A G I H U G S H H W O
D U R S Q T L C W J E E L B L R
E R G S Y U G U C J T D E A N Y
N O E M N T L R S K I N S S R F R
N P F R A N C E A I C Q W B O S
E E O Y F Z Q J B Y A K I R V J
S E L E G A N T R K P N G E S R

HANOVERIAN

The Hanoverian is a warmblood horse originating in Lower Saxony, northern Germany, the former kingdom of Hanover, where a flourishing horse-breeding industry has existed for hundreds of years. Hanoverians have been used as carriage horses, in agriculture, and for military service. Today's Hanoverians excel in competitive equestrian sports. The modern Hanoverian is known for its athleticism, agility, speed, beauty, and grace.

AGILE

AGRICULTURE

ATHLETIC

BEAUTY

BREEDING

CARRIAGE

COMPETITIVE

ELEGANT

EQUESTRIAN

GERMANY

GRACEFUL

HANOVER

HANOVERIAN

KINGDOM

MILITARY

SAXONY

SPEED

WARMBLOOD

J A D O J E A C F A R P B H R U
Y C V E G M G O A C V G Y Y H G
G N D H B Z R U N R F O L K C R
I T W A E V I S Y E R C B U K A
X R A N A Q C A A K S I A N B C
M L R O U B U T E X O P A N I E
A E M V T R L H L L O J E G B F
G Q B E Y E T L G L E N U E E U
I U L R B E U E E E W G Y T D L
L E O W Y D R T I V R M A N L H
E S O V K I E I E M U M I N U N
B T D T M N R C B P D O A F T R
Y R P B Y G K I N G D O M N H L
F I K V H A N O V E R I A N Y Y
F A N Q Q C O M P E T I T I V E
I N H S M I L I T A R Y S V S C

BRUMBY

The brumby is a free-roaming horse of Australia. Horses arrived in Australia with the First Fleet in 1788. Shipments of farm horses followed. However, records indicate these escaped or were abandoned in the early 1800s. As machines gradually replaced horses in a range of tasks, many horses were released to join already established feral herds. Today there are an estimated 400,000 brumbies throughout Australia inhabiting a range of habitats, including temperate ranges, alpine and subalpine forests, semi arid plains, rocky ranges, tropical grasslands, and wetlands.

ABANDONED

ALPINE FORESTS

AUSTRALIA

BRUMBY

ESCAPED

FARM HORSE

FERAL

FIRST FLEET

FREE-ROAMING

GRASSLANDS

HABITAT

MACHINES

ROCKY RANGES

SEMI ARID PLAINS

SUBALPINE

WETLANDS

WILD

W G R G W H A R F N V B F A N P
U E F J R P A V N S Q U E K L X
E S T R K A G B E S J E R X A Q
E F E L E S S R I W X O A R L A
S B A M A E N S M T M C L F P U
C H R R I N R B L B A B W I I S
A B I U M A D O T A D T E R N T
P I U K M H R S A B N N P S E R
E D T V L B O I W M B D L T F A
D P K M K C Y R D I I L S F O L
F U O W J X K F S P L N Y L R I
A B A N D O N E D E L D G E E A
R O C K Y R A N G E S A G E S T
A W Q D C W E I L B P U I T T Y
Q H B F M A C H I N E S A N S E
P P J S U B A L P I N E Q Q S H

Answers on page 154.

AKHAL-TEKE

The Akhal-Teke descends from the raiding horses of Turkmenistan. The name comes from the Akhal oasis in the Kopet Dag Mountains and the nomadic Teke tribe who inhabited the area and bred the horses. The Akhal-Teke horse is known for its speed, endurance, and intelligence. The horses have a distinctive metallic sheen, and are often used for dressage, show jumping, and long-distance racing.

AKHAL OASIS

AKHAL-TEKE

ATHLETIC

BREED

DRESSAGE

ENDURANCE

INTELLIGENT

KOPET DAG

METALLIC

MOUNTAINS

NOMADIC

RACING

RAIDING HORSE

SHEEN

SHOW JUMPING

SPEED

TEKE TRIBE

TURKMENISTAN

G C F I B J Y E N D U R A N C E

S S V S N R M Z S A D M O T M S

P P T D N T Z F D P V D M E R H

H S E U B A E R F L I P R K P E

I H R E R A K L U R U I A E K E

V O R N D K S H L U N W C T O N

M W A U N O M D A I U N I R P F

E J Y K I O A E R L G O N I E B

T U T S H L M T N E O E G B T F

A M E C H A E A H I S A N E D Y

L P N B G M L P D L S S S T A K

L I C T I O D T K I E T A I G S

I N Y Z E M O Z E U C T A G S N

C G V B R E E D U K E D I N E K

A M O U N T A I N S E X V C G A

K Y J L R A I D I N G H O R S E

CANADIAN HORSE

ACADIA

CANADIAN HORSE

CARRIAGE

COLONIES

DRAFT HORSE

ENDURANCE

FRANCE

HARDY

HARSH WEATHER

IMPROVEMENT

LITTLE IRON

MORGAN

NEW FRANCE

PLOW FIELDS

RIDING

SCARCE FOOD

STRONG

WORK HORSE

W Y M C S Z H R S L O B G R L N
Y I F L C T A B X I R I D I N G
H F R V A S R W C T W E X N E T
A S A I R W D K A T O P N E V H
R T N M C J Y W N L R P W W A J
S R C P E A W A A E K P P F W G
H O E R F P T M D I H Z T R C A
W N E O O L M U I R O L C A A D
E G N V O O O A A O R L O N R W
A A D E D W R X N S J L C R K
T V U M A F G O H Z E D O E I Y
H R R E C I A C O R W L N G A E
E X A N A E N W R U E F I H G N
R I N T D L R J S J O S E M E S
C C C W I D A A E Z M N S A Z G
R H E C A S D R A F T H O R S E

STANDARDBRED

The standardbred is an American breed developed in the 19th century and used for harness racing. An English Thoroughbred named Messenger is considered the foundation sire of the breed. His progeny were crossed with other breeds, including the Morgan, Canadian pacer, and the now-extinct Norfolk Trotter, which contributed desirable racing characteristics. The name comes from the fact that horses were required to reach a certain "standard" timed speed at the mile in order to be registered as part of the breed.

AMERICAN	MESSENGER
BREED	NORFOLK TROTTER
CROSSBREED	PROGENY
DESIRABLE	REGISTERED
DEVELOPED	SIRE
ENGLISH	STANDARDBRED
FOUNDATION	THOROUGHBRED
HARNESS RACE	THE MILE
MORGAN	TIMED SPEED

Y M K C P R O G E N Y H G F F Q
H W R M E S S E N G E R N D O R
A R R E G I S T E R E D N E U N
R C R O S S B R E E D L M S N O
N Z M R E N G L I S H B C I D R
E H N O T H E M I L E R H R A F
S T T T I A M E R I C A N A T O
S S T A N D A R D B R E D B I L
R H Q D E V E L O P E D N L O K
A M W T I M E D S P E E D E N T
C I O X U C Q A G B I E S K W R
E A G R Y H C E T R T I I X S O
Q O O D G K D J C E O L R G Q T
H E T I C A F X J E G F E A T T
F L J D U R N Q F D K D Y T Z E
V S R T H O R O U G H B R E D R

PONY OF THE AMERICAS

The Pony of the Americas (POA) is a riding-pony breed used as a child's mount. The breed was developed in the state of Iowa in the 1950s by crossing ponies with Appaloosa horses. In order to be registered with the POA Club, a horse must have the Appaloosa patterning and measure from 11.5 to 14 hands (46–56 inches) tall at maturity. The pony is known for its gentle disposition, durability, and intelligence. The POA typically also has mottled skin, visible white sclera, and striped hooves.

APPALOOSA

CALM

CHILD'S MOUNT

CROSSBREED

DURABLE

GENTLE

HANDS

INTELLIGENT

IOWA

MEASURE

MATURITY

MOTTLED SKIN

PATTERNING

POA CLUB

REGISTERED

RIDING PONY

STRIPED HOOVES

WHITE SCLERA

C H I L D S M O U N T V E T X P
G R C N P A T T E R N I N G P O
T E B G F F Y T A E A G M M O J
D G K E J R R J A R F A L I A B
J I O N K Y Y N E J T A V V C G
I S O T K E Q L Z N C B O B L U
E T E L O N C D J H A N D S U K
C E L E F S O D U R A B L E B I
D R X J E M O T T L E D S K I N
E E K T J X R I D I N G P O N Y
U D I S T R I P E D H O O V E S
Z H I O W A S K V M E A S U R E
W Z K B H Z A P P A L O O S A Z
B S P A O I N T E L L I G E N T
I I M A T U R I T Y F Q F Q G D
K C R O S S B R E E D N N X D D

Answers on page 155.

PERUVIAN PASO

The Peruvian Paso, sometimes called the Peruvian horse, is a light saddle horse known for its smooth gait, strength, stamina, willing attitude, and gentle demeanor. Peruvian Pasos descend from Spanish stock horses brought to South America in the 1500s. For centuries, breeders in Peru kept Peruvian Paso bloodlines pure and selectively bred horses for gait, temperament, and conformation. Today this versatile horse is used for pleasure and trail riding, parades, and horse shows.

BLOODLINE	SELECTIVE
CONFORMATION	SOUTH AMERICA
GAIT	SPANISH
GENTLE	STAMINA
HORSE SHOWS	STRONG
LIGHT	TEMPERAMENT
PARADES	TRAIL RIDE
PERUVIAN PASO	VERSATILE
PLEASURE RIDE	WILLING
SADDLE HORSE	

W C T P V T F G D T C F R S O A
S O E A V R V E A B A P E Q N X
A N M E E A S U T I J P S I S S
D F P S R I B U L G T E M M E P
D O E T S L M S I N N A H L Z A
L R R R A R E R G W T L T T A N
E M A O T I L K H S N N N H W A I
H A M N I D V R T E E T S U Z S
O T E G L E C R S G E Z S Y B H
R I N Q E H H O R S E S H O W S
S O T T B L O O D L I N E E E M
E N P E R U V I A N P A S O U P
S E L E C T I V E Q G E X T T I
Q S O U T H A M E R I C A W M H
W I L L I N G P A R A D E S A N
Y O P L E A S U R E R I D E P G

NOOITGEDACHT PONY

The Nooitgedacht pony (or Nooitgedachter) is found in the eastern Transvaal region of South Africa. The breed was developed during the 1950s from the Basuto pony with the addition of some Boer and Arab blood. Nooitgedachters are known for their intelligence, stamina, friendliness, hardiness, and surefootedness. They have fine but strong bone structure, good joints, and excellent hooves that seldom require shoeing. Nooitgedachters are used for show jumping, dressage, polo, endurance riding, western riding, and on ranches and farms.

ARAB BLOOD

BASUTO PONY

BOER BLOOD

DRESSAGE

ENDURANCE

FARM WORK

FINE

FRIENDLY

GOOD JOINTS

HARDY

HOOVES

INTELLIGENT

NOOITGEDACHT

POLO

RANCH WORK

SHOW JUMPING

SOUTH AFRICA

STAMINA

SUREFOOTED

G P E S R S P D C M X M G L O G
O L N H I A R A B B L O O D S T
O Y D O F N S T A M I N A F U T
D U U W P E T H L X D V C R R P
J B R J O D F E A R M A F I E U
O O A U L E R A L R B U G E F W
I E N M O A H E R L D W V N O J
N R C P M Q O J S M I Y R D O H
T B E I P D O A Y S W G I L T P
S L R N Y S V B N J A O E Y E J
O O N G L Y E K L Q U G R N D X
R O D S F U S H R L V I E K T N
U D N O O I T G E D A C H T U C
S T R A N C H W O R K K K R K P W
B A S U T O P O N Y B B F I N E
L Y C S O U T H A F R I C A Z E

Answers on page 156.

RUSSIAN DON

The Don horse developed in the steppes of southern Russia where the Don River flows. Don horses have been bred there since the 1700s. The Don horse was the war mount of the famed and feared Cossack Cavalry, who helped drive out Napoleon's invading troops. Today the Russian Don is used under saddle and in harness for recreational riding, equine tourism, and sport competition. Russian Dons are known for their endurance, strength, and hardiness.

CAVALRY

COMPETITION

COSSACK

DON

ENDURANCE

HARDY

HARNESS

NAPOLEON

RECREATION

RIDING

RIVER

RUSSIA

SADDLE

SPORT HORSE

STEPPES

STRONG

TOURISM

TROOPS

WAR MOUNT

C C R H S G N T G N X D I J C S
O S O E A E N D U R A N C E O T
L W W M C R T N V R Y D R Y S E
G A H B P R D O A M U I E R S P
C R X P R E E Y U P B S E J A P
R M U U I D T A V R O C S N C E
I O H C V T L I T K I L S I K S
D U X E E L V T T I W S E N A E
I N Q C R U V L R I O X M O P K
N T T L A X P K M O O N H F N N
G C A V A L R Y A P O N J E O G
S P O R T H O R S E E P U D V H
C X S T R O N G B M K E S L T D
P Y K S A D D L E Q Y N D P R Q
D O Q V X Z P E W W O H Q W F K
C H A R N E S S N L N Y S C G M

CAMARGUE

The Camargue horse is an ancient breed native to the Camargue area in southern France. They have lived for centuries in the wetlands of the Camargue—the region between the Mediterranean Sea and two arms of the Rhône River delta. While some live semi-feral, most are used for riding. The horse is known for its hardiness, stamina, agility, intelligence, and calm temperament. Camargue horses are born with a black or brown coat that turns light gray as they age.

AGILE

ANCIENT

BLACK

BROWN

CALM

CAMARGUE

COAT

DELTA

FRANCE

GRAY

HARDY

INTELLIGENT

MEDITERRANEAN

RHONE RIVER

RIDING

SEMI-FERAL

SOUTHERN

STAMINA

WETLANDS

M R B O I D W O U K P A L N D Y
U O N Z N I B B A W V I A G A E
Q T D M D E L T A S V E T R A Y
S N B S N G G R N T N Y G R X H
E S T A M I N A D A W N E O Z N
M R D H A R D Y R G U V A E R A
I I G Z T H N R T E I U C E B G
F D V W S X E N U R W N H U L I
E I E K N T E G E S A T C M A L
R N X W I I R N A R U Q O S C E
A G O D C A O G F O W S A F K Y
L R E N M H G X S T I N T N S A
B M A A R I N T E L L I G E N T
X S C M A D B W E T L A N D S I
C A L M Y B Y T Z S N H T L U S
P S N Z O Z I F R I T E M L V Y

IRISH COB

The Irish cob is often characterized by the long, feathered hair on its legs. The breed is native to Ireland and has been associated with the Irish Traveller and Romani traveling people of the British Isles. The Irish cob is a crossbreed that was originally used for pulling carriages. They are known for their strength, stamina, intelligence, and willingness to please.

BRITISH ISLES	LEGS
CARRIAGES	NATIVE
COB	PULL
CROSSBREED	ROMANI
FEATHERED	STAMINA
FRIENDLY	STRONG
HAIR	TRAVELERS
INTELLIGENCE	VERSATILE
IRELAND	

M V E R S A T I L E D B D I T B
J D P L C N T I H W C X N F T J
M E A N A M R N J M A A L E G S
P U L L R N A T S X M C N J F L
K F B S R N V E F O P R A O K I
Y E J L I K E L R X K O T I O R
S A C Y A Z L L X B M S I L B E
O T W K G S E I R Q Q S V C D L
W H V B E T R G F X V B E G W A
K E X Q S R S E I D I R U F N N
C R D I O O B N R P I E H Y H D
B E P N F N J C Z Y U E A R I Y
T D P L T G H E M J G D I G V B
F R I E N D L Y N A K X R C M I
O B R I T I S H I S L E S O U Z
G F Z S T A M I N A I F L B W P

ASSATEAGUE HORSE

Off the coasts of Maryland and Virginia is the 37-mile-long barrier island Assateague, which is home to bands of feral horses alternately known as Assateague horses in MD and Chincoteague ponies in VA. The horses are split into two herds by a fence along the state line. They eat a variety of salty grasses, and because of their salty diet drink twice as much water as domesticated horses—giving them a bloated appearance.

ASSATEAGUE

BANDS

BEACH GRASS

BLOATED

CHINCOTEAGUE

FENCE

FERAL

ISLAND

MARYLAND

SALTMARSH GRASS

SALTMEADOW HAY

SEASHORE

SMALL

STATE LINE

STURDY

VIRGINIA

WATER

WILD

J B J P O A B L O A T E D O S E
L B O U C W A T E R G V S S N D
Y P Q T H P W A E B G X A I E D
N G I D I W D U W Q L R L V J S
E M S A N W I U N O G E A I J A
S A L S C Q V M S H T C I R E L
E R A S O X C U C A L J M G T T
A Y N A T T A A T L F H Y I K M
S L D T E Q E S A F K I M N F E
H A W E A B F M Z S E W W I R A
O N Q A G B S L J O T N I A B D
R D M G U C A I M B V U C L A O
E W B U E B E N W W L J R E D W
O S I E F Q Y D D G Y B Z D A H
H Y E I F E R A L S F F B L Y A
X S A L T M A R S H G R A S S Y

MANGALARGA MARCHADOR

The Mangalarga Marchador breed originated in Brazil when the foundation stallion Sublime was crossed with mares of Spanish Jennet and Barb descent. The resulting offspring had a smooth, rhythmic gait—the marcha. Today the Mangalarga Marchador is the national horse of Brazil and is known for its gentle temperament, intelligence, stamina, and comfortable ride.

BARB

BRAZIL

COMFORTABLE

CROSSBREED

ENDURANCE

GAIT

GENTLE

INTELLIGENT

JENNET

MANGALARGA

MARCHADOR

RHYTHMIC

SMOOTH

SPANISH

STALLION

STAMINA

SUBLIME

G P G B S J B R A Z I L M I Z B
A E B S T A L L I O N M S N R Q
S D N E N D U R A N C E T T F W
F C M T E T Y I B H S A A E H Z
I S R A L S L S N F J L M L C R
Q P B O R E J E N N E T I L O F
N A U R S C W E X A X R N I M M
C N W M X S H W M A I H A G F A
G I Y S B B B A L Z K Y C E O N
C S C U R W D R D A H T I N R G
V H N A N I A B E O L H T T T A
G H B U I H G J R E R M C T A L
G O F S U B L I M E D I O I B A
A N C Z D S Q C R S X C T N L R
I A B Y D S M O O T H M B H E G
T L Y M Q H I B G E D K P U U A

EXMOOR PONY

The Exmoor pony is a rare breed native to the British Isles. The ponies have roamed southwestern England for centuries. The breed takes its name from Exmoor—the open, hilly moorland in Somerset and Devon, England—where some ponies still live semi-feral. Exmoor ponies are always some shade of brown, have a strong, powerful build, and are noted for their hardiness and endurance.

BRITISH ISLES

DEVON

ENDURANCE

ENGLAND

EXMOOR

GRASSES

HARDY

HILLY

MOORLAND

NATIVE

PONY

POWERFUL

SEMI-FERAL

SOMERSET

SOUTHWESTERN

STRONG

RARE

ROAM

N N T S S B C A R G I O I U W H
A O P E Q T M L S R R S R A R E
T B E M F B R E M O Z A A Q U O
I L X I P X V O N P M V S T R Q
V V M F I E O M N D O E L S F L
E I O E B D Q F G G U N R J E S
Z Q O R U E T P U J Y R Y S G S
Q P R A V V Q V Q D E R A L E S
X P W L K O Q E R I Y O X N O T
B U K L E N E A A W T A G B C X
W A U G B F H Z R N Y M V Y C E
B R I T I S H I S L E S W M L S
S O U T H W E S T E R N V N Y R
F O P V J C T I M O O R L A N D
Y T J B H I L L Y Q B X Q H P V
E N G L A N D V P O W E R F U L

ICELANDIC

The Icelandic horse developed in Iceland from ponies Norse settlers brought to the island in the 9th and 10th centuries. Although Icelandics are often pony-sized, they are always referred to as horses. Though small, Icelandic horses can carry heavy adult riders. The Icelandic is a versatile riding horse known for its sturdy build, intelligence, and enthusiasm. Icelandic horses are used for traditional sheepherding as well as for pleasure riding, racing, showing, and sport competitions.

ATHLETIC

COMPETITION

DEVELOPED

ENTHUSIASM

EQUESTRIAN

ICELANDIC

INTELLIGENT

NORSE SETTLERS

RACING

RIDING

SHEEPHERDING

SHOWING

SMALL

SPORT

STRONG

STURDY

VERSATILE

C E D D I C E L A N D I C R S W
O N E U T R D V Y B N M L A P L
M T V R Z R N D C T O V Z C O E
P H E K T O R E R V R E R I R N
E U L V G U U Q P A S R R N T E
T S O V T L T U F Q E S A G T R
I I P S A B E E J N S A T W Q I
T A E X T G G S X P E T H E A D
I S D U N N W T H W T I L V B I
O M M O I C T R F Y T L E I F N
N R R W O R Y I A A L E T N B G
L T O M S B V A I R E B I E C W
S H L H T R M N O G R A C H D Z
S W E T T S M A L L S N O K G Y
E B B S H E E P H E R D I N G E
N C F I N T E L L I G E N T W U

HOLSTEINER

The Holsteiner (or Holstein) has been bred in the Schleswig-Holstein region of northern Germany since the 13th century. Over the years, Holsteiners have served as strong and steady farm workers, courageous and capable warhorses, and high-stepping carriage horses. Thoroughbred blood introduced after World War II added refinement and jumping ability. Today the Holsteiner is a leading German sport horse, particularly suited for jumping, dressage, driving, and eventing.

CAPABLE

CARRIAGE

COURAGEOUS

DRESSAGE

DRIVING

EVENTING

FARM WORK

GERMANY

HIGH-STEPPING

HOLSTEIN

HOLSTEINER

JUMPING

REFINEMENT

SPORT HORSE

STEADY

STRONG

THOROUGHBRED

WARHORSE

WORLD WAR TWO

T F Z Y W L D D D E G N B J V R
J S L W V O C R K B X F H U D E
H A H S A Y R O I W X J J M R F
O I C V P R H L U V Z D T P E I
O S G A P O H O D R I L P I S N
N T F H R G R O L W A N U N S E
C E A Z S R E T R S A G G G A M
A A R F G T I R H S T R E E G E
P D M C Y K E A M O E E T O E N
A Y W E F G X P G A R V I W U T
B G O R J A V F P E N S Y N O S
L I R R W H D X B I J Y E S E E
E A K W T E J C M D N R R C U R
W L N E V E N T I N G G N H Q A
Z T H O R O U G H B R E D X H D
T B H O L S T E I N S T R O N G

BARB

The Barb (or Berber) horse is a light riding horse known for its stamina and hardiness. The breed originated in northern Africa. There is some controversy over whether Barb and Arabian horses share a common ancestor, or if the Arabian was a predecessor of the Barb. When the Moors invaded Spain in 711, they brought their Barb horses with them. Barb horses played a large part in the development of other breeds, especially the Andalusian. Today the Barb horse is bred primarily in Morocco, Algeria, Spain, and southern France.

AFRICA	DEVELOPMENT
ALGERIA	FRANCE
ANCESTOR	HARDY
ANDALUSIAN	LIGHT
ARABIAN	MOORS
BARB	MOROCCO
BERBER	RIDING
BREED	SPAIN
CONTROVERSY	STAMINA

B K F Y G Y F X T C J A K A B E
R A H R X T U U H Q V A B H F N
T V R U T N Z E B K M N T A B M
D C A B Y R I D I N G D R R R O
R B O L S T A M I N A A D D N R
B E Z N G B R E E D R L E Y W O
A R T C T E F E Q Y D U V D O C
R B I C N R R R M B C S E N L C
A E C V C J O I A V I I L Y G O
B R M O O R S V A N J A O J K Z
I G B B T B I B E G C N P G R M
A P Z H N G L F D R Z E M S F N
N Y G F T T P G I Q S N E P A D
H I I O I C L L J H T Y N A I Q
L H A F R I C A J E U B T I M N
A N C E S T O R V P I R N N G I

PRZEWALSKI'S HORSE

The Przewalski's horse, also known as the Mongolian wild horse or the takhi, is a rare and endangered horse native to the steppes of central Asia. Until the late 18th century, these wild horses ranged from the Russian Steppes east to Kazakhstan, Mongolia, and northern China. The Przewalski's horse had become extinct in the wild by the 1960s, but has since been successfully reintroduced into its native habitat in Mongolia.

ASIA

CHINA

ENDANGERED

NEARLY EXTINCT

KAZAKHSTAN

MONGOLIA

NATIVE

PRZEWALSKI

RANGE

RARE

REINTRODUCED

RUSSIA

SMALL

STEPPES

TAKHI

WILD

Y T S S Z J K K I U W A M I P E
G S S T U T K A Z A K H S T A N
R X Z M E R M I D R W C G F R O
G E O E A P V R A R E U A N H O
X X I V N L P R U S S I A E D M
M C P N S D L E T E W R M A T O
Z H R V T N A M S A Y P F R B N
L A Z O M R A N I X L N F L Y G
J D E A A U O T G M G X J Y W O
O D W S P R G D I E L A P E S L
X S A I X I A I U V R R J X H I
O P L A Z L K N C C E E E T T A
T C S C H I N A G W E C D I J O
H R K B T A K H I E I D X N S X
V Q I X T U Y B Y R D L Q C Y W
B Y W Z P L J P H W L N D T R P

NEWFOUNDLAND PONY

The Newfoundland pony traces its ancestry to the Exmoor, Dartmoor, New Forest, Galloway (now extinct), Welsh, Connemara, and Highland ponies brought by early settlers. For three centuries, these ponies interbred until the Newfoundland pony developed. This pony's thick coat and mane help it survive the harsh winters in the area.

ANCESTRY	HIGHLAND
CANADA	INTERBRED
CONNEMARA	MUSCULAR
DARTMOOR	NEW FOREST
DEVELOPED	NEWFOUNDLAND
EARLY SETTLERS	RUGGED
EXMOOR	STURDY
GALLOWAY	THICK COAT
HARSH WINTERS	THICK MANE

```
B L N D E E X I N T E R B R E D
F I D V S A R T K S E J B C H D
D C H T E R R H D Z Z H X A A H
E X M H X L U I L H S I R N R D
V L U I M Y N C A T W G U A S C
E L S C O S E K U N T H G D H O
L O C K O E W M K J C L G A W N
O N U C R T F A A S L A E J I N
P E L O G T O N D N J N D Q N E
E W A A A L U E H A C D L J T M
D F R T L E N A S X R E U S E A
W O L J L R D O T T W T S B R R
U R A M O S L F H K U K M T S A
Q E G V W T A O Z O R R R O R L
U S L Z A Z N U D K C R D W O Y
G T O T Y J D I Q C E S M Y F R
```

Answers on page 159.

AMERICAN PAINT HORSE

The American paint horse combines the characteristics of a Western stock horse with the distinctive pinto coat pattern. The breed's descendants arrived in North America with Spanish conquistadors. Paint horses became part of the wild herds that roamed the West. Today paint horses are used in nearly every Western and English equestrian discipline.

AMERICAN

BREED

COAT PATTERN

CONQUISTADORS

COMPETITION

DESCENDANTS

EQUESTRIAN

INTELLIGENT

MUSCULAR

PAINT HORSE

PINTO

ROAM

SHOW HORSE

SPANISH

STRONG

WEST

WESTERN STOCK

WILD HERDS

Z N U W E S T E R N S T O C K D
B B X C O M P E T I T I O N E T
D H J Z Z S P A N I S H Z E W C
E I N U B B O X B H V T R A T O
S N P D U C T O T W X B I P X N
C T M C O A T P A T T E R N U Q
E E S U O Y P I N T O E M Z E U
N L A H S B L J E L C Q H W V I
D L X M O C I A E E K U S I P S
A I O V E W U V V G V E T L Q T
N G K U Z R H L T K J S R D M A
T E B R W Y I O A U U T O H V D
S N V O L E A C R R I R N E T O
H T Z A V N S D A S V I G R Y R
Z G M M A Y J T F N E A H D R S
Z P A I N T H O R S E N C S M N

Answers on page 159.

BANKER HORSE

The banker horse is a breed of feral horse living in North Carolina's Outer Banks. Ocracoke Island, Shackleford Banks, Currituck Banks, and the Rachel Carson Estuarine Sanctuary have populations of these horses. The National Park Service, the state of North Carolina, and several private organizations protect the horses. They survive by grazing on marsh grasses.

BANKER HORSE	NORTH CAROLINA
BREED	OCRACOKE
FERAL	OUTER BANKS
CURRITUCK	POPULATIONS
GRAZING	PROTECTION
HARDY	RACHEL CARSON
ISLANDS	SANCTUARY
ESTUARINE	SHACKLEFORD
MARSH GRASSES	WILD

```
W N R A C H E L C A R S O N D L
F Z O L O N K D U Y Z D Y L A P
G D S R S U C E Y U D N I R I I
Q V P H T P T I H J Z W E D E M
O E O H A H R E S I Y F L L S A
O X P B O C C O R L F R A G T R
C C U Y A L K A T B A Z Z Z U S
R L L S H N D L R E A N U L A H
A Y A W A X K G E O C N D D R G
C E T S X N P E R F L T K S I R
O B I H T F C D R A O I I S N A
K R O G A T L T N H Z R N O E S
E E N D O R S Z U U O I D A N S
C E S N S M D S D A H R N G P E
G D I C O X D Y E U R L S G T S
F T C U R R I T U C K Y N E N F
```

SHETLAND PONY

These ponies are named for the Shetland Islands off the coast of northern Scotland. Shetlands adapted to the harsh climate and scant food supply in their native islands. These ponies were used to pull plows, carts, and buggies. In the 1840s, they replaced women and children working in Britain's coal mines. Unlike most other breeds, Shetland ponies are measured in inches rather than hands.

BUGGIES	INCHES
CARTS	ISLANDS
CHILDREN	NORTHERN
CLIMATE	PLOWS
COAL MINES	PONY
COAST	PULL
HANDS	SCOTLAND
HARDY	SHETLAND
HARSH	WOMEN

M Y L U C L I M A T E H A R S H
B X M P C N D K V K J B M P Y N
K A G U E A T B L C O X W D R G
R V L M H F Q X U P N E R E T X
S M O S H E T L A N D A H B S Y
I W A W C C V B J O H T S E K M
S B B D H O N Y A O R X N W M T
L U Z Q I A B E W O G I B X Y E
A G T L L S A O N U M C A R T S
N G G G D T V O V L Z Z P V Q V
D I P S R K R J A I N P U U U N
S E Q X E I W O D Z N B L N L R
F S Y R N H C C I N N C V O S L
S Q H A N D S P O N Y D H K W P
H N E A R C X A G E K J O E X S
Z M S C O T L A N D T O O U S J

LIPIZZAN

The Lipizzan (or Lipizzaner) was developed in the 16th century by the Habsburg nobility and the Austro-Hungarian monarchy. The breed was named after the stud farm founded in 1580 at Lipizza, in present-day Slovenia, which was then part of the Austro-Hungarian Empire. Lipizzaners are closely associated with the Spanish Riding School of Vienna, Austria, where they are trained in classical dressage. This small but powerful breed is known for its intelligence, beauty, and gracefulness.

AUSTRIA	LIPIZZANER
BEAUTY	MONARCHY
DRESSAGE	NIMBLE
EMPIRE	NOBILITY
EQUESTRIAN	POWERFUL
GRACE	RIDING
HABSBURG	SLOVENIA
INTELLIGENCE	SMALL
LIPIZZAN	STUD FARM

S R V S D D C W D C A M B U O F
Q M L I P I Z Z A N E R Q U X H
A P N O B I L I T Y F M K V D F
O O G R A C E Y N U N P E X M S
E W N I M B L E Y K X C N R A L
Q E L B C I D E J B N A A T U O
U R U F Z R I G T E Z F S C S V
E F T J R H N B G Z D E M G T E
S U E B U I C I I U R O A B R N
T L M Z D S L P T I Z J L C I I
R K P I L L I S P L U Y L X A A
I Y R D E L J M D R E S S A G E
A K D T V N E I T R E N G A T D
N L N R B E A U T Y V N O H X U
A I R M O N A R C H Y B R J Z I
K L I T J S H A B S B U R G A N

OLDENBURG

The Oldenburg (or Oldenburger) originated in northern Germany, in what was the Grand Duchy of Oldenburg. The breed can be traced back to the 17th century, with bloodlines based on the Friesian horse. Oldenburgs have served as farm horses, carriage horses, artillery horses, and all-purpose riding horses. Today Oldenburgs are bred to produce superior sport horses; they have expressive, elastic gaits and are well-suited for show jumping, dressage, and eventing.

ALL-PURPOSE	FRIESIAN
ARTILLERY	GAIT
BLOODLINE	GERMANY
CARRIAGE	GRAND DUCHY
DRESSAGE	OLDENBURG
ELASTIC	OLDENBURGER
EVENTING	RIDING
EXPRESSIVE	SPORT HORSE
FARM HORSE	STRONG

B B O E V R C G Z B C G E K G B
O S Q L L U B F J P A A X M R X
A E P O D A O B E X R I P F A T
R R G O E E S S B P R T R A N D
T U I Q R V N T P V I A E R D R
I R F D B T E B I Z A E S M D E
L F I T I L H N U C G G S H U S
L X R G F N O O T R E A I O C S
E T N I E M G O R I G N V R H A
R I T N E R P M D S N E E S Y G
Y B P F P S M V I L E G R E N E
R Y B E C T I A F N I N Q C Q V
Z H E O M J L A N D N N L M C Y
S T R O N G K V N Y Y O E H Q Q
B T R H T O A L L P U R P O S E
O L D E N B U R G E V S E H Y T

ANDALUSIAN

The Andalusian originated in the Spanish province of Andalusia. Its ancestors are the Iberian horses of Spain and Portugal. The Andalusian, also known as the Pure Spanish Horse or Pura Raza Española, has influenced many other breeds around the world, including the Lipizzaner and the Peruvian Paso. Over its centuries of development, the Andalusian has been bred for athleticism and stamina. Modern Andalusians are used for dressage, show jumping, driving, and bullfighting. They are known for their intelligence, docile temperament, and sensitivity.

ANDALUSIAN	LIPIZZANER
ATHLETIC	PERUVIAN PASO
BULLFIGHTING	PORTUGAL
DOCILE	PURA RAZA
DRESSAGE	PURE SPANISH
DRIVING	SENSITIVE
EQUESTRIAN	SHOW JUMPING
IBERIAN	SPAIN
INTELLIGENT	STAMINA

Y P U R A R A Z A P S X H W Z Q
P L O O N W Z Z A S T H J Z A F
D R E S S A G E T H A D E J Y Z
P F Z L D M F D H N M U Q P O F
O S H X O G I C L U I Y U I T S
R R U S C Q K X E X N R E N H E
T D X P I O L Z T B A E S T D N
U K B A L L D J I G U A T E R S
G C T I E C Z E C K G K R L I I
A I X N I B E R I A N B I L V T
L M A N D A L U S I A N A I I I
G S H O W J U M P I N G N G N V
P U R E S P A N I S H G D E G E
U L I P I Z Z A N E R V P N W J
G P E R U V I A N P A S O T U J
S F B U L L F I G H T I N G R L

AUSTRALIAN STOCK HORSE

The Australian stock horse is an agile, hardy breed that has been developed specifically to meet the demands of the Australian environment. The history of the breed dates back to 1788 when the first horses arrived in Australia. The weakest were culled and the strongest were bred in order to produce a horse of great stamina and strength. Today the Australian stock horse is used in a variety of riding disciplines as well as by stockmen working with livestock.

AGILE	HARDY
AUSTRALIAN	HISTORY
CALM	INTELLIGENT
CULLED	LIVESTOCK
DEMANDS	RIDING
DEVELOPED	STAMINA
ENDURANCE	STOCK
GOOD-NATURED	STOCKMEN
GOVERNMENT	STRONG

M C B S N A Q D V P S X Y A Q R
P P S L B U J E A S T R O N G G
D F F Z D S L M G R C T Q S Y O
X P T J G T H A O Q U H G T I V
V L H A R R G N O J L D D A B E
K I I P I A L D D G L A E M G R
C V S C D L T S N I E J V I S N
H E T P I I W T A C D O E N T M
R S O B N A Y J T A H M L A O E
O T R X G N J C U L V U O L C N
O O Y Q X L S V R M W L P F K T
O C L X E J A K E Z Y D E G B Y
R K H A R D Y W D A M C D Z B Z
G C I N T E L L I G E N T G T X
G W X V Q W S T O C K M E N U T
E N D U R A N C E A G I L E J U

MISSOURI FOX TROTTER

The Missouri fox trotter was developed in the Ozark Mountains in the 19th century. They are valued for their stamina and smooth gaits. The breed performs an ambling gait known as the "fox trot," a four-beat broken diagonal gait in which the horse appears to walk with its front legs and trot with its hind legs. These horses may be any solid color or pinto. White markings on the face and legs are common.

AMBLING	MISSOURI
AMERICA	MOUNTAINS
BROKEN	PINTO
DIAGONAL	SMOOTH
FOUR-BEAT	STAMINA
FOX TROT	TROT
FRONT LEGS	OZARKS
GAIT	WALK
HIND LEGS	WHITE MARKS

P F H L T F J E D B R O K E N M
A M W I S F F X P I N T O H W X
A X M W N M R O D I A G O N A L
M D F F G D Q O Z W L R H E Q X
E Q B S A M L E N A K Q T Q P U
R F P E I O H E F T R L W A L K
I H Q J T U S S G A L K U L F I
C G S Q F N T X C S C E S S O G
A B M R O T A B L U N N G Y U U
U L O S X A M Y E W A H U S R W
S Z O V T I I B F L U I E B B F
P H T E R N N A M B L I N G E X
L R H S O S A J L R T T S W A W
T B H N T G Y A Q C U X R J T X
M D W Z M I S S O U R I Z O C H
A W H I T E M A R K S P I A T F

AMERICAN MINIATURE

The American miniature is a height breed; these horses must measure no more than 34 inches from the last hairs of the mane (at the withers) to the ground. In addition to their small size, American miniatures are known for their gentle nature, curiosity, and intelligence. They are often used as pets or companions, and for various equestrian competitions like jumping, driving, and costume.

AMERICAN	HEIGHT BREED
CALM	INTELLIGENT
COMPANIONS	JUMPING
COMPETITIONS	MEASURE
COSTUME	MANE
CURIOUS	MINIATURE
DRIVING	PETS
EQUESTRIAN	SMALL
GENTLE	WITHERS

A O M Y E Q U E S T R I A N C P
W N U B W C O S T U M E I P W P
H E T W G I M Y D D R I V I N G
E I N T E L L I G E N T L M S N
I X Y M E A S U R E E L G L X S
G R C H A X M A N E A Y Y J T A
H G O K F R A E Q M L U L E S M
T J M B U D E M S A M P P D R E
B U P C O M P E T I T I O N S R
R M A J O D J C U R I O U S W I
E P N K U Z K G B T I J C Z I C
E I I H C C V C S Y N V N J T A
D N O O A L C Z D A O T O C H N
S G N Q L D V G E N T L E E E D
I H S O M C O L O Y M G Y H R R
M I N I A T U R E E O N X G S K

ANSWERS

Humans and Horses (page 4)

Horse Heights (page 8)

Life Stages (page 6)

Coat Colors (page 10)

ANSWERS

Horse Breeds (page 12)

Light Horses (page 16)

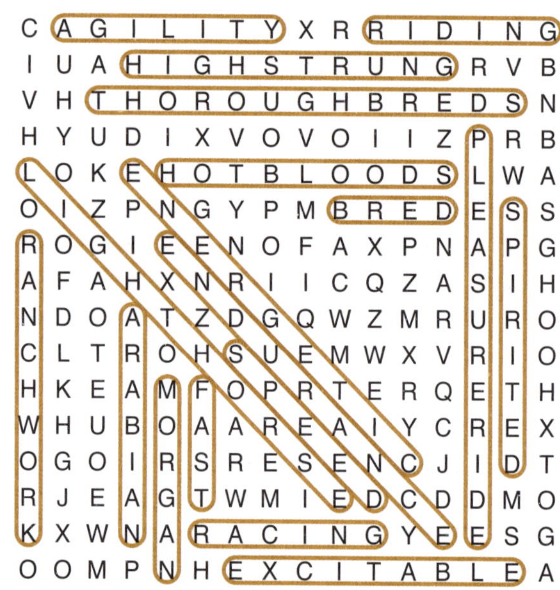

Draft Horses (page 14)

Warmbloods (page 18)

ANSWERS

Ponies (page 20)

Horses of the Americas (page 24)

Horses of Europe (page 22)

Arabian (page 26)

ANSWERS

Morgan (page 28)

Shire (page 32)

Appaloosa (page 30)

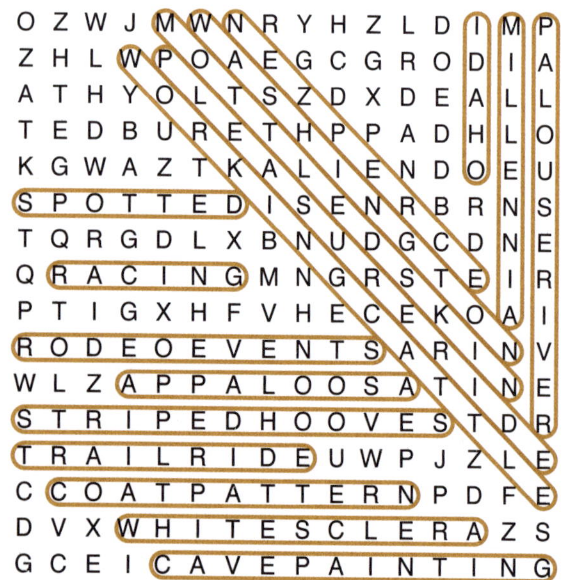

Misaki (page 34)

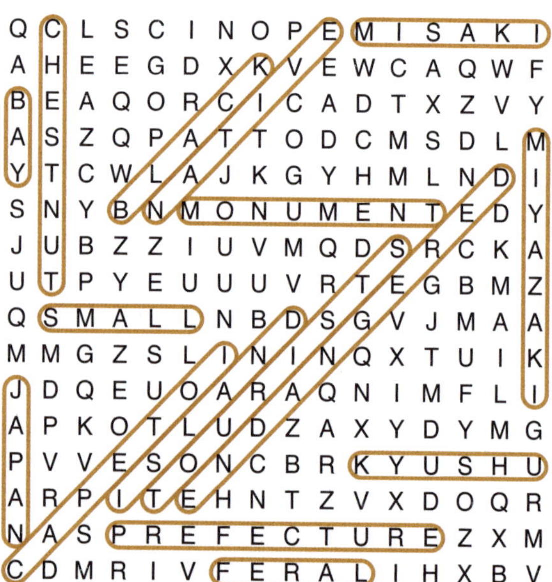

ANSWERS

Sable Island Horse (page 36)

American Quarter (page 40)

Mustang (page 38)

Falabella (page 42)

ANSWERS

Suffolk Punch (page 44)

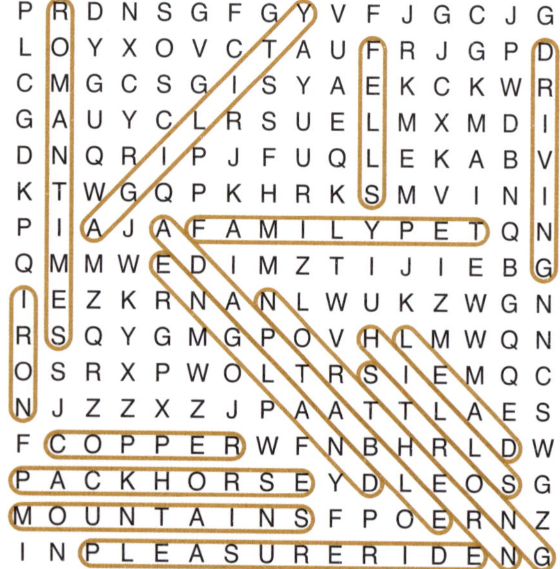

Clydesdale (page 48)

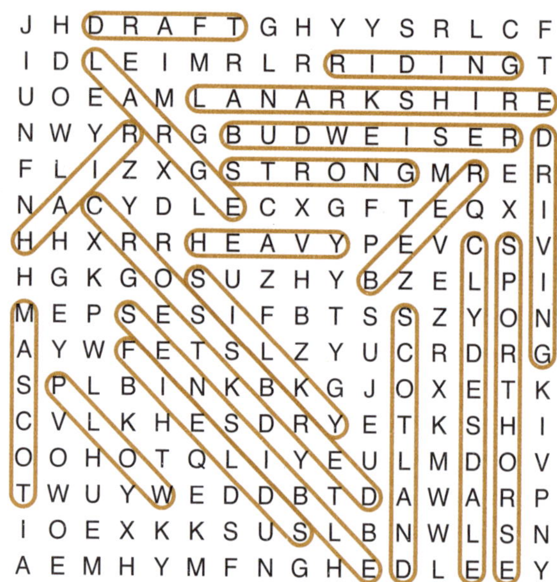

Fell Pony (page 46)

Dutch Warmblood (page 50)

ANSWERS

Gotland Pony (page 52)

Breton (page 56)

Belgian Draft (page 54)

Connemara Pony (page 58)

ANSWERS

Haflinger (page 60)

Orlov Trotter (page 64)

Lusitano (page 62)

Basuto Pony (page 66)

ANSWERS

Trakehner (page 68)

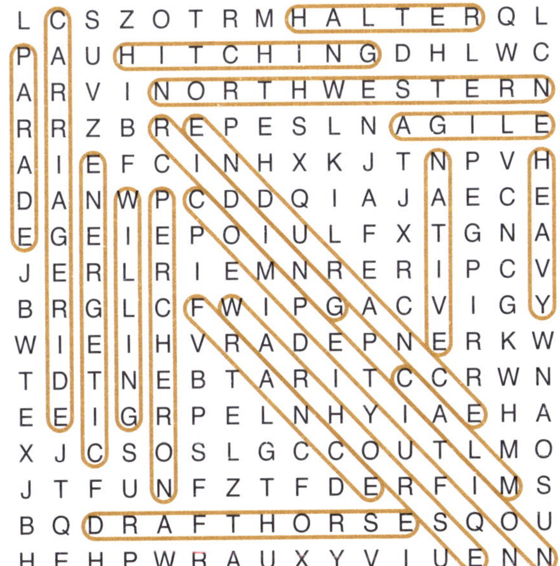

Dartmoor Pony (page 72)

Percheron (page 70)

Kyrgyz (page 74)

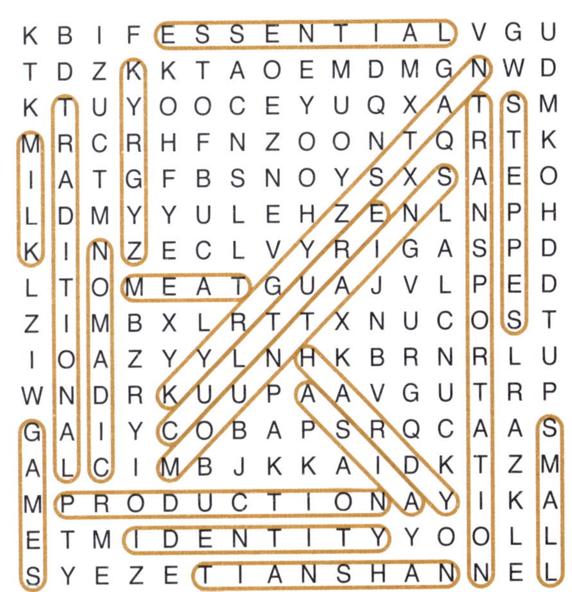

ANSWERS

Horse of the Badlands (page 76)

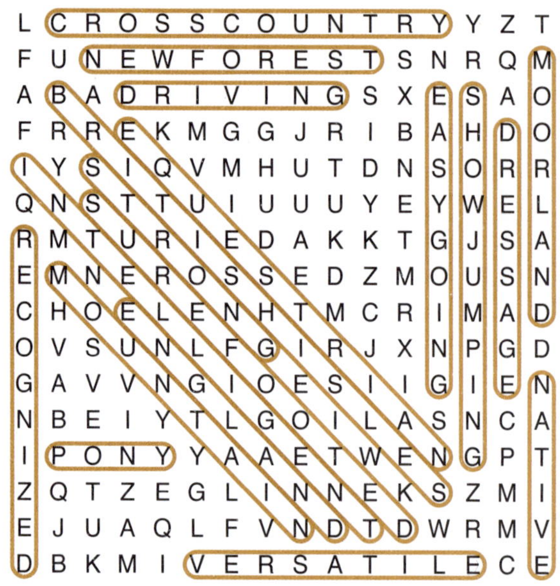

New Forest Pony (page 80)

Argentine Criollo (page 78)

Friesian (page 82)

ANSWERS

Norwegian Fjord (page 84)

Hanoverian (page 88)

Boulonnais (page 86)

Brumby (page 90)

ANSWERS

Akhal-Teke (page 92)

Standardbred (page 96)

Canadian Horse (page 94)

Pony of the Americas (page 98)

ANSWERS

Peruvian Paso (page 100)

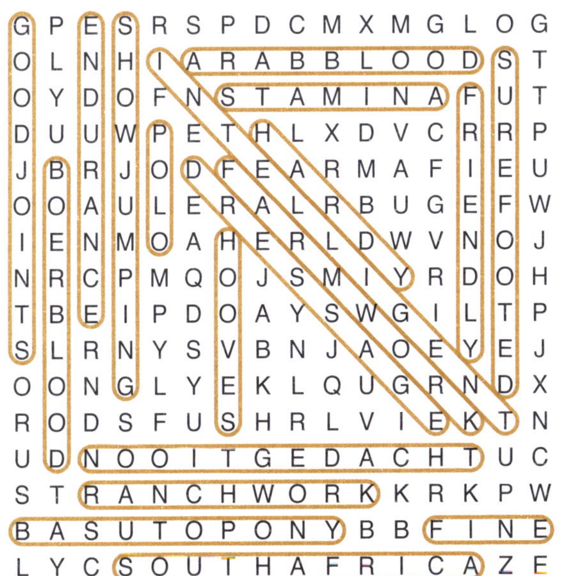

Russian Don (page 104)

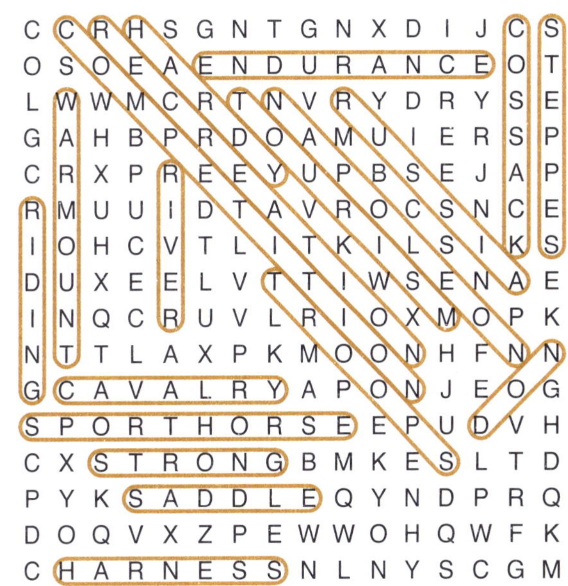

Nooitgedacht Pony (page 102)

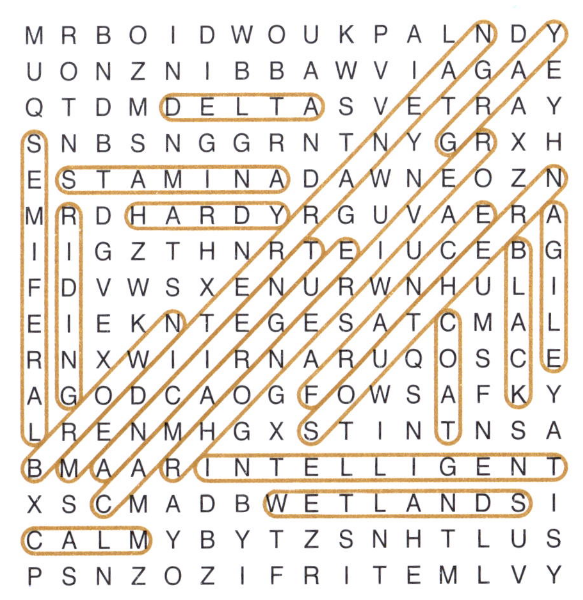

Camargue (page 106)

ANSWERS

Irish Cob (page 108)

Mangalarga Marchador (page 112)

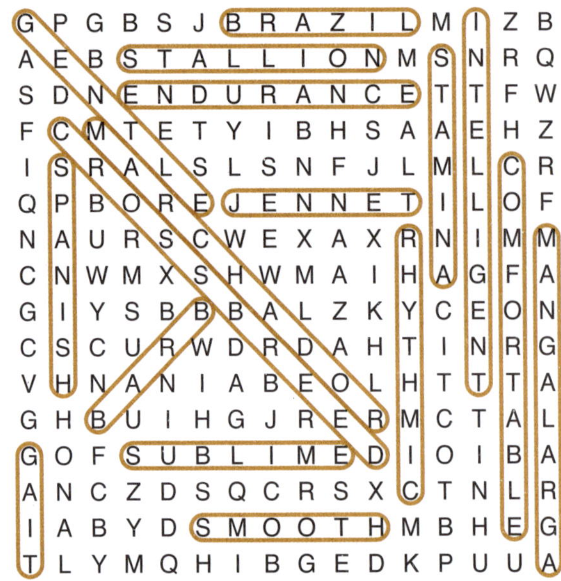

Assateague Horse (page 110)

Exmoor Pony (page 114)

ANSWERS

Icelandic (page 116)

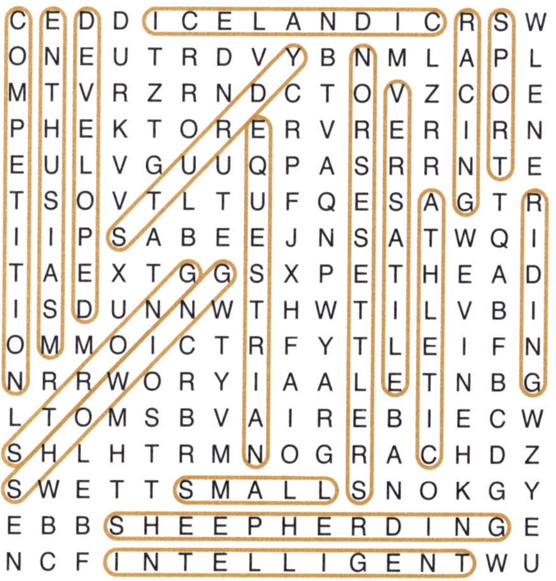

Barb (page 120)

Holsteiner (page 118)

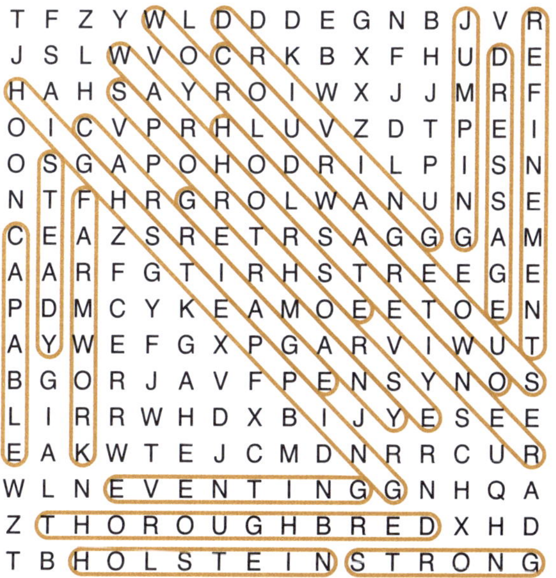

Przewalski's Horse (page 122)

ANSWERS

Newfoundland Pony (page 124)

American Paint Horse (page 126)

Banker Horse (page 128)

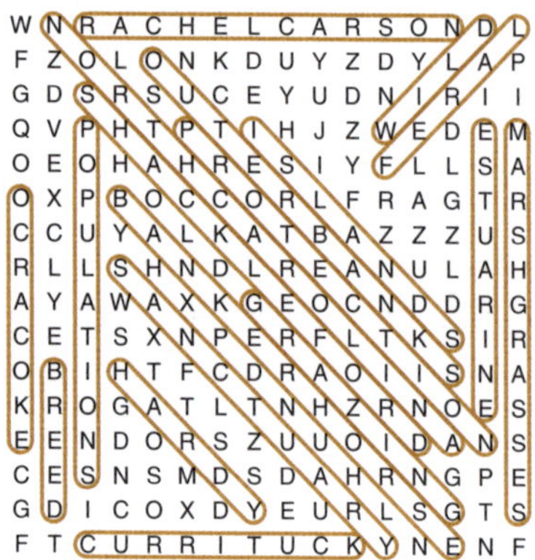

Shetland Pony (page 130)

Lipizzan (page 132)

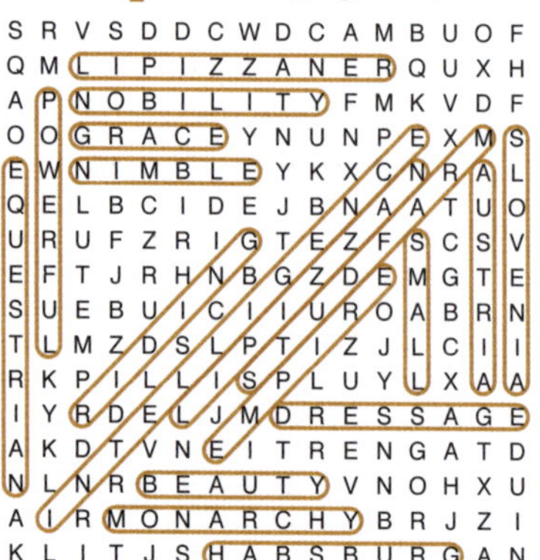

ANSWERS

Oldenburg (page 134)

Andalusian (page 136)

Australian Stock Horse (page 138)

Missouri Fox Trotter (page 140)

American Miniature (page 142)